学校を変える 地域が変わる
相互参画による学校・家庭・地域連携の進め方

佐藤晴雄 著

教育出版

はじめに

　最近，学校は多くの新課題に直面している。その最も大きな課題は，今次教育改革の目玉の一つである「総合的な学習の時間」の実施と特色ある学校づくりだと言ってよい。さらに，「開かれた学校」づくりの観点からは，「説明責任」や学校評議員の運営，地域資源の活用など外部との関係づくりに関する課題が求められている。加えて，学力低下を懸念する風潮を受けて基礎・基本の徹底や少人数指導の工夫なども差し迫った課題の一つになった。

　その結果，学校・教師には「ゆとり」が失せつつあるという状況も指摘されるようになった。「総合的な学習の時間」には教科書がないだけに，指導計画の作成や教材づくりなどに一から取り組まねばならないし，同時に基礎・基本の徹底にも従前以上に努める必要がある。また，「説明責任」や学校評議員等の取り組みは新たな仕事として加わってきた。学校現場では負担感が募っているような実情もある。

　たしかに，従来の自己完結的な学校運営では，教師たちはそうした新課題に押しつぶされる懸念がある。だが，そういう時代だからこそ学校や教師に期待したいのは，家庭や地域と連携し，その力を積極的に生かすことなのである。学校支援ボランティアなどの地域人材を活用し，学校評議員から建設的なアイデアを示してもらうことが大切なのである。

　「連携」に及び腰な関係者からは，家庭・地域連携が新たな負担になるという声も聞こえてくるが，「連携」に地道に取り組んできた学校にはむしろ周辺業務が軽減され，スリム化につながったというケースも少なくない。スリム化以外にも，学校に対する家庭や地域の理解が深まり，学校経営が順調になったという成果もみられる。家庭・地域連携は当初には重い負担として学校や教師にのしかかってくるかもしれないが，いずれは学校改善を促し，学校に「ゆとり」さえもたらすものと考えられる。

　また，「連携」に関しては，実践先行型をとり，理論が後追いするような形で進展しているためか，学校の中には「連携」には取り組んでも教職員間でその意義が共有されにくかったりする場合がある。したがって，「連携」を理論的に整理し，あらためて意義づける作業も必要だと考えたところである。

　そこで，本書では，「学校を変えれば地域が変わる」という基本的な考え方に立って，学校が家庭や地域と連携する意義をあらためて説くとともに，実際にどう連携していけばよいかという視点を示したいと考えた。つまり，学校・家庭・地域連携のた

めの指針を与えるために本書を企画した次第である。その際，以下の特色をもつ手引きとなるよう配慮したつもりである。

第一に，学校・家庭・地域連携という課題を理論的に整理しようと試みた点である。

第二に，その「連携」にかかわる実践的な課題になんらかの指針を与えようとしている点である。

第三に，各地の先進事例に基づく記述に心がけるとともに，「事例編」を設けて読者の参考に資するよう努めた点である。

著者自身が今から十数年前まで教育委員会に勤務して，地域における教育活動の推進に取り組んだ経験を持っている。本書の執筆に際しては，その10年間の経験をできるだけ生かそうと努めた。

事例編には22例が収められているが，その選定に際しては，できるだけ新しく，かつ特色あるものを中心に進めた。その結果，すばらしい実践であるにもかかわらず類書には登場していなかった多くの実践例を提供できたと考えている。

本書が「連携」の取り組みを担う学校教職員や教育委員会職員，さらには社会教育関係者や保護者・地域住民に参考になる手引きとして活用され，学校と家庭・地域との連携が進展していくことを切に願っている。むろん，本書には不十分な点も多々あろうかと思われるので，各方面からの忌憚のないご意見やご批判，温かいご指導を得たいと思っている。

なお，本書の刊行に際しては多くの方々のお力を得ることができた。まず，事例編執筆協力者の21名には公私とも多忙にもかかわらず快く筆を汚していただいた。本書は著者の単著という形になっているが，これらの事例編執筆協力者との「協働」の成果だと考えている。

次に，長嶋清先生（青山学院大学講師，前横浜市立東小学校校長）には著者の原稿を学校現場の立場から吟味いただき，梅澤まみさん（藤沢市生涯学習大学事務局勤務）には読者の立場から原稿の見直しをお願いすることができた。

そして，教育出版の中島潮氏は厳しい出版事情であるにもかかわらず本書の刊行を承諾くださり，同社の阪口建吾氏は本書の企画段階から編集実務に尽力くださった。

これら多くの方々にはこの場を借りて謝意を表したい。

平成14年10月

佐 藤 晴 雄

目　次

序章　学校・家庭・地域連携をめぐる新しい課題 ―― *1*
　1．学校・家庭・地域の連携と「学社連携」の関係 ―― *1*
　2．戦後における学社連携の変遷 ―― *2*
　　(1)「地域教育計画論」から情報交換・連絡調整的な学社連携へ
　　(2) 相互補完的な学社連携への移行　(3)「学社協働」による連携の登場
　3．これからの公立学校の位相 ―― *4*
　　(1)「方法知」を重視する公立学校　(2) 地域性を指向する公立学校
　4．学社連携の諸課題 ―― *7*

1章　学社連携・融合 ―― *9*
　──学社連携・融合による新しい教育実践の展開

　1．学社連携・融合とは何か ―― *9*
　　(1)「連携」の3機能　(2)「学社連携」と「学社融合」の関係
　　(3)「学社融合」のとらえ方
　2．学社連携・融合の意義 ―― *13*
　　(1) 学校にとっての意義　(2) 社会教育・地域にとっての意義
　3．学社連携・融合による新しい実践 ―― *16*
　　(1) 学社連携（狭義）のタイプ　(2) 学社融合のタイプ
　4．実践の課題 ―― *20*
　　(1)「開かれた学校」と学校の安全管理対策
　　(2) 教師の意識改革と「ゆとり」の確保　(3) 学校と地域・家庭が持つ固有性の尊重

2章 「生きる力」と新学習指導要領　　25
　　──学校・家庭・地域が一体となって進める「生きる力」の育成

1．「生きる力」とは何か　　25
　　(1) 学習指導要領の「改訂」の要点　　(2)「荒れる学校」と新学習指導要領
2．教育課程のスリム化と新学習指導要領　　28
　　(1) 授業時数の削減　　(2) 授業の理解度　　(3) 教師の力量と地域連携
　　(4) きめ細かな指導での地域の力の活用
3．「生きる力」をめぐる諸課題　　32
　　(1)「生きる力」と体験的・問題解決的な学習
　　(2)「生きる力」と「総合的な学習の時間」
4．「開かれた学校」と学社連携　　36
5．「生きる力」をはぐくむための学社連携の課題　　38
　　(1) 保護者への説得力ある十分な説明　　(2) 地域を生かしたリアリティある学習活動
　　(3) 地域の力を生かした基礎・基本の徹底
　　(4)「開かれた学校」づくりのための学社連携

3章 「総合的な学習の時間」と地域体験学習　　43
　　──学校・家庭・地域の協働で取り組む「総合的な学習」

1．「総合的な学習の時間」のねらい　　43
　　(1)「総合的な学習の時間」の創設の趣旨　　(2)「総合的な学習の時間」のねらい
　　(3)「総合的な学習の時間」における地域連携の位置づけ
2．「総合的な学習の時間」を軸にした「連携」の視点　　45
　　(1) 学校のスリム化を促す　　(2) 地域活性化の拠点として
　　(3) 地域連携の中軸に
3．体験学習をめぐる動向　　48
　　(1)「総合的な学習の時間」と体験活動　　(2) 経験主義的教育思想と体験活動の重視
　　(3) 体験学習が重視される背景　　(4) 体験学習の意義
4．「総合的な学習の時間」における体験学習の実践的課題　　53
　　(1) 子どもの実態に配慮した体験の質的・量的補足

(2) 学習への発展化と学びの深化を促す工夫　　(3) 不可能体験への指導的対応
　　(4) 地域資源の積極的活用　　(5) ボランティア活動など子どもの自主的な活動の促進

4章　学校支援ボランティアを生かした学校づくり ———— 57
　　——地域人材を介した学校と地域の連携

　1．ボランティアとは何か ———————————————————— 57
　　(1) ボランティアの原則　　(2) ボランティアの定義
　2．今，なぜ学校支援ボランティアか ——————————————— 59
　　(1) 学校支援ボランティアの誕生　　(2) 学校支援ボランティアの定義
　　(3) 学校支援ボランティア誕生の背景
　3．学校支援ボランティアのタイプ ———————————————— 63
　　(1) ゲストティーチャー型　　(2) 学習アシスタント型　　(3) 施設メンテナー型
　　(4) 環境サポーター型
　4．学校支援ボランティアの活用法 ———————————————— 65
　　(1) ＰＤＳのＰ段階からの参画を促す　　(2) 児童・生徒に対する事前指導に努める
　　(3) 教師はボランティアのフォローにまわる　　(4) 事後の学習評価を適切に行う
　　(5) ボランティアに対するお礼を忘れない
　　(6) 人材バンク・リストを活用し，オリジナルバンクを充実させる
　5．学校支援ボランティアの課題 ————————————————— 68
　　(1) 学校のスリム化への発展　　(2) 協働者としての活用
　　(3) 人材バンクの工夫とボランティア養成・研修
　　(4) ボランティアへの謝礼と保険の検討　　(5) コーディネーターの養成と導入

5章　学校評議員制度と地域・家庭の学校参画 ———— 75
　　——学校評議員が結ぶ学校と地域のきずな

　1．学校評議員制度とは何か ——————————————————— 75
　　(1) 学校評議員制度の誕生　　(2) 学校評議員と類似組織の違い
　　(3) 学校評議員の委嘱手続き

2．学校評議員の意義 ——————————————————— 80
　(1) 学社連携と学校評議員　　(2) 学校評議員制度の意義
3．学校評議員の具体的役割 ————————————————— 85
　(1) 学校評議員の具体的な役割期待　　(2) 専門性を生かした役割期待
4．学校評議員の現状 ——————————————————— 87
5．学校評議員制度を生かすための実務課題 ——————————— 89
　(1) 日常的に情報提供を行うなど自己開示による学校理解に努める
　(2) 学校評議員の特性を最大限に引き出す
　(3) 相談事項については，何を求めるのかを明確に絞り込む
　(4) 学校評議員の意見に聞く耳を持ち，それを学校評価に生かす
　(5) 会合の記録や結果は「たより」などで保護者や住民に伝える

6章　「説明責任」と学校評価 ——————————— 93
　　　——学校は「説明責任」をどう果たすか

1．「説明責任」とは何か ————————————————— 93
　(1)「開かれた学校づくり」と「説明責任」　(2) アカウンタビリティとは何か
　(3) イギリスのアカウンタビリティ制度
　(4)「経営責任」としてのアカウンタビリティ
2．経営責任としての「説明責任」の意義 ————————————— 95
　(1) 新教育課程と「説明責任」　(2)「説明責任」の意義
　(3) 相手にアクションを起こさせる「説明」
3．学校評価の現状と「説明責任」 ————————————————— 98
　(1) 行政評価と学校評価　(2) 学校評価の実情　(3) 学校評価の各地の動向
　(4) 品川区の外部評価者委員制度
4．「説明責任」に期待される視点 ————————————————— 102
　(1) 保護者・住民の権利保障の視点　(2) 家庭・地域の学校理解を促す視点
　(3) 学校のマンネリ化を打開する視点　(4) 教職員の意識変革の視点
　(5) 地域生涯学習推進の視点
5．「説明責任」を果たすための実践的課題 ————————————— 104
　(1)「説明」のための情報管理サイクルづくり

(2)「説明」のための情報の階層化の基準づくり
(3)「説明」のための組織体制づくり

7章 学校選択制と通学区域の弾力化 —————— 109
——学校選択制下で取り組む特色ある学校づくり

1．学校選択制とは何か —————————————————— 109
　(1) 学校選択制下で学校と地域の連携をどうとらえるか
　(2) 従来の通学区域の弾力的運用
2．今、なぜ学校選択制なのか ———————————————— 113
　(1) 保護者の学校選択権の尊重　　(2) 不登校やいじめ問題の解決
　(3) 特色ある学校づくりと地方分権化
3．学校選択制のタイプと現状 ———————————————— 115
　(1) 学校選択制のタイプ　　(2) 学校選択制の現状
　(3) 東京都品川区と足立区の学校選択制
4．通学区域弾力化と特色ある学校づくりの課題 ———————— 122
　(1) 地域連携を生かした特色ある教育づくりの充実
　(2) 従前の通学区域を基盤にした地域との連携の推進
　(3) 通学区域外の児童・生徒の経験も生かした取り組みへの配慮

8章 地域生涯学習の推進 —————————————— 125
——学校と家庭・地域との連携・協働による地域生涯学習の開発

1．生涯学習における学校の役割 ——————————————— 125
　(1) 生涯学習とは何か　　(2) 生涯学習における学校の役割
　(3) 家庭・地域連携による生涯学習の推進
2．地域生涯学習の推進のための取り組みの視点 ———————— 128
　(1) 生涯学習の基礎づくり　　(2) 生涯学習の場と機会の提供
3．地域生涯学習をどう支援するか —————————————— 133
　(1) 学校公開講座（授業）の推進　　(2) 学校施設の開放メニューの作成
　(3) 学校の「教職員人材バンク」づくり

事例編

「地域との協働による学校づくり」の推進（神奈川県教育委員会） 138

「すこやかネット」の取り組み（大阪府教育委員会） 140

「あだち"学び"応援隊」（東京都足立区教育委員会） 142

地域と連携したフェスティバル（神奈川県横浜市立東小学校） 144

「地域参加型運動会」（東京都品川区立三木小学校） 146

「日新カモミール」の活動（東京都府中市立日新小学校＆日新カモミール） 148

幼・小・中・高校との協働による学校・地域づくり（神奈川県秦野市南が丘地区） 150

「地域教育協議会」の活動（大阪府松原市立松原第七中学校区） 152

三つのタイプの学校支援ボランティア（東京都三鷹市立第四小学校） 154

「あなたの"持ち味"応援団」（神奈川県横浜市神奈川区） 156

「藤沢市生涯学習大学」で地域人材を育成（神奈川県藤沢市教育委員会） 158

「大手ゆめ空間」と学校ボランティア活動（新潟県上越市立大手町小学校） 160

地域がつくったビオトープ「三渓の森」（香川県高松市立三渓小学校） 162

学校評議員制度を生かした学校経営（栃木県宇都宮市立城山東小学校） 164

沼間中学校運営地域協議会の活動（神奈川県逗子市立沼間中学校） 166

『片小ナビ』と情報公開（大阪府吹田市立片山小学校） 168

嘱託社会教育主事の実際（宮城県仙台市教育委員会） 170

「地域連携担当者」の実際（神奈川県茅ヶ崎市立緑が浜小学校） 172

学校をスリム化させる学社融合（栃木県鹿沼市立石川小学校） 174

住民と生徒が共に学ぶ公開講座（東京都品川区立荏原第一中学校） 176

「中学生による公開講座」（神奈川県藤沢市立第一中学校） 178

長後共育フォーラム「にぎやか講座」（長後共育フォーラム） 180

序章　学校・家庭・地域連携をめぐる新しい課題

1．学校・家庭・地域の連携と「学社連携」の関係

　現在，学校と家庭・地域との連携は「学社連携」の問題としてとらえることができる。わが国においては，伝統的に家庭教育や地域教育に関する課題は社会教育の範疇に入るものと認識されてきたからである。ただし，どちらかといえば，学校教育の観点からは，「学校と家庭・地域の連携」という表現が用いられ，一方の社会教育においては「学社連携」という言い方が一般的に用いられる傾向にある。たとえば，平成8年4月の生涯学習審議会答申「地域における生涯学習機会の充実方策について」は，「学社連携」や「学社融合」という言葉を用いているが，同年8月に出された第15期中央教育審議会第一次答申「21世紀を展望した我が国の教育の在り方について」は，「学社連携」という言い方をせず，「学校・家庭・地域社会の連携」という表現を用いている。いうまでもなく，学校にとっての家庭・地域は何も社会教育にかかわるものに限定されるものではなく，福祉施設や地域環境，あるいは個人としての保護者や住民などと幅広く連携することを念頭に置いているからである。したがって，学校と家庭・地域の連携といった場合は，社会教育に関すること以外の様々な資源や主体との関係性にまで注目することを意味し，「学社連携・融合」という言い方を用いた場合には，主として社会教育関係事項との関係性を強調することを意味するものと解せられる。そこで，「学社連携・融合」を狭義に理解すれば，学校と社会教育との連携・融合を指し，それを広義にとらえれば学校と家庭・地域との連携まで含むものと理解することができる。

2．戦後における学社連携の変遷

(1)「地域教育計画論」から情報交換・連絡調整的な学社連携へ

　戦後における学校と地域との連携は，地域教育計画の実践に始まるといってよい。埼玉県の「川口プラン」，兵庫県の「明石プラン」，広島県の「本郷計画」など，カリキュラムを中心とした地域との連携に取り組んだ学校の実践が見られた。これらは，学力低下を危惧する声やカリキュラム編成に終始した点に対する批判的な声によって次第に下火になっていった。

　これらの取り組みとは軌道を別にして，昭和30年代頃から，学社連携は，学校施設の社会教育への提供や青少年問題対策関係会議の学社共催などの形で芽生えていった。ただ，当時の学社連携は，行政主導により学校と地域関係機関・団体が一堂に会して情報交換と連絡調整を行うスタイルの連携が中心になっていた。

　その後，昭和46年の社会教育審議会答申「急激な社会構造の変化に対処した社会教育の在り方について」は，学校・家庭・地域社会の機能的役割分担の原則を打ち出したが，それらの連携について踏み込んだ提言を示していなかった。この頃には，都市部を中心に学校の校庭開放が普及し，相互補完型の連携が徐々に浸透していった時期である。いわゆる「学社の両輪論」が登場したのは，この頃からであろう。

(2) 相互補完的な学社連携への移行

　昭和49年には，社会教育審議会から「在学青少年に対する社会教育の在り方について」と題する建議が出され，そこでは青少年の豊かな人間形成を図るために，家庭教育，学校教育，社会教育の機能的連携の重要性を示し，それらの相互補完による教育のあり方が構想されたのである。同建議は，その三者連携の意義を例示しているが，これによると，「家庭教育で養われた心情や態度を社会教育活動を通じて社会的に深めたり，学校で学んだ原理的な事柄を社会教

育の場で実践し，また，社会教育で体験した実践的な事柄を学校教育を通じて更に体系的に深める」などして，それぞれの教育効果を一層高めることができると述べている。三者の相互補完的な連携によって歪みのない教育が可能だというのである。

　昭和56年の中央教育審議会答申「生涯教育について」は，「学校教育と社会教育との連携・協力等」において，学校教育関係者が社会教育の機能について理解を深め，社会教育の施設や機会を学校の実情に即しつつ積極的に活用すべきことを提言している。これら一連の答申類は，学社または学校と地域の連携を相互補完的な関係としてとらえていたのである。平成に入ると，生涯学習推進施策が全国的に展開されるようになり，学社連携は生涯学習振興の視点を強めてきた。たとえば，学校の余裕教室の開放や生涯学習施設への転換が各地で本格的に展開されるようになった。たとえば，東京都中野区の地域生涯学習館や神奈川県横浜市のコミュニティ・スクール（平成7年度からコミュニティ・ハウスに名称変更）などの施策が注目される。この頃の学社連携はどちらかといえば，社会教育・生涯学習主導型の傾向を拭えなかった。

(3)「学社協働」による連携の登場

　しかし，平成4年9月から実施された月1回学校週5日制を契機に，学校は地域との連携に積極的姿勢を見せるよう変化してきた。土曜日の「受け皿」づくりに学校関係者が無関心ではいられなかったからである。そのため，学校は地域・保護者とともに「サタデー委員会」などの組織を設置して，それらとの連携による土曜日対策に努めたのである。そして，平成8年に生涯学習審議会答申「地域における生涯学習機会の充実方策について」が「学社融合」を提言すると，栃木県鹿沼市をはじめ一部の先進的地域や学校で新しいスタイルの学社連携に取り組む試みが見られるようになる。この場合，学校施設の開放などにとどめず，授業や施設運営の中に地域住民や保護者をボランティアとして積極的に取り込み，また地域環境を極力生かす実践が本格的に展開されている。さらに，平成10年・11年に学習指導要領が改訂されると，「開かれた学校づく

り」や「総合的な学習の時間」への対応として「協働」を意識した学社連携に取り組む学校が急増した。この傾向は学校評議員制度の導入によって拍車がかけられ、もはや学社連携は学校にとっての必須課題に位置づくようになり、現在に至るわけである。

3．これからの公立学校の位相

(1)「方法知」を重視する公立学校

　今日，地域と学校の連携は，社会教育の課題であると同時に，学校教育の課題でもある。社会教育は学校に地域生涯学習の活動とその成果活用の場を求めるために，学校は地域資源を活用するために，お互いが関係づくりを意識しているのである。その意味で，両者の連携は広い意味での生涯学習の課題だといってよい。

　平成14年度（高等学校は翌年度）から全面実施された新学習指導要領に「開かれた学校づくり」が明記されると，地域との関係形成は，各校の努力目標から，すべての学校にとっての必須課題に位置づけられるようになった。むろん，社会教育においては，学習指導要領に類する全国的基準があるわけではないが，学習指導要領の改訂によって学校との連携が現実味を帯びた課題になったのも事実である。学社連携・融合の取り組みはそうした状況の中で急速な進展を見せている。

　地域との関係がこれまでにないほど重視される中で，公立学校はその位相を変えようとしている。図1は，学校知（方法知／内容知）を表す縦軸と指向性（地域指向性／自己完結性）を表す横軸に基づいて学校をタイプ別に示したものである。この図にしたがって各タイプの学校を位置づけてみよう。

　まず，従前の伝統的な公立学校（特に小・中学校）は，学校文化として入ってくる情報や技術そのものである「内容知」を重視してきた。昭和52年度以降，教育内容の削減によって「ゆとり」確保に配慮した教育実践を進めてきたが，

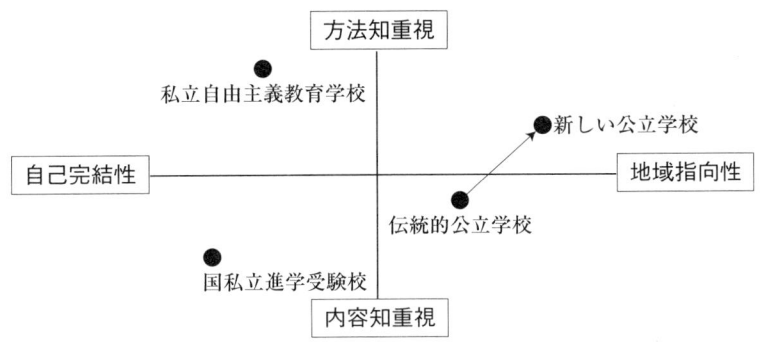

図1　新しい公立学校の位相

依然として教科書中心の知育に偏っていたことは否めない。平成8年の中央教育審議会第一次答申も学校の知識偏重傾向を指摘し、「これまでの知識の習得に偏りがちであった教育から、自ら学び、自ら考える力などの『生きる力』を育成する教育へとその基調を転換していくためには［ゆとり］のある教育課程を編成することが不可欠」だと述べている。いうまでもなく、内容知を最重視してきたのは国立大学附属学校および私立学校の一部進学受験校である。ここでは、受験に必要な知識・技術が最大限重視される。

しかし、これからの公立学校は、「内容知」よりも「方法知」（学び方に関する知）を重視するよう様変わりを求められてくるのである。

(2)　地域性を指向する公立学校

また、地域との関係を見ると、進学受験校や私立自由主義教育学校[1]は児童・生徒を広域的に集め、学校周辺地域との関係を必ずしも必要とせずに自己完結的に経営されている。これに対して、伝統的な公立学校といえども一定の範囲で地域に依存しているのは確かである。ここでは地域住民である児童・生徒を集め、地域環境を素材にした学習指導に取り組むなど地域とのかかわりを維持してきている。そう考えれば、伝統的な公立学校は内容知を重視すると同時に「地域指向性」を有することから、図中の右下の位相に位置づけられる。

そして，これからの公立学校は，伝統的な公立学校以上に地域指向性を強めていくようになる。
　このように，今後の公立学校は内容知重視から方法知重視へと移行し，さらに地域性をより強めていきながらその位相を変えていくであろう。図でいえば，これからの公立学校は右上の位相に位置づけられ，国私立進学受験校との対極をなすようになる。なぜなら，「特色ある学校づくり」や学校評議員制度等とは「地域指向性」を強めることにほかならず，体験的・問題解決な学習の重視は「方法知重視」の考え方を具現化するものだからである。図では，「内容知重視」の領域から外れて「方法知重視」の枠に位置づけられているが，このことは「内容知」の軽視を意味するわけではなく，「方法知」の重視傾向を象徴的に示すことにほかならない。
　これからの公立学校は，地域との関係性をより重視した，いわば新しいコミュニティ・スクールをめざすことが大切である。戦争直後のコミュニティ・スクールがカリキュラム編成に傾斜したものであったのに対して，新しいコミュニティ・スクールはカリキュラム編成にとどまらず，単位授業や学校運営においても地域とのかかわりを重視し，さらに地域生涯学習への支援も求められる学校のことである。
　ところで，教育改革国民会議が提案した「新しいタイプの公立学校」もコミュニティ・スクール（日本版チャータースクール）と名づけられているが，これは，地続きのコミュニティよりも，目的指向型のテーマコミュニティを重視する新しい学校を意味するのであろうから，本稿でいう新しいコミュニティ・スクールとは質的に異なるものである。本稿で強調したいコミュニティ・スクールとは，既存の公立学校をより地域に近づけ，保護者や地域住民との「協働」（collaboration＝コラボレーション）を通して新しい実践に取り組もうとする地域密着型の学校を指している。むろん，このタイプのコミュニティ・スクールは，全国の公立学校にとっての共通の目標になるはずである。

4．学社連携の諸課題

　前述のような，本格的な地域密着型の学校を新しいコミュニティ・スクールと呼ぶならば，その学校が社会教育（地域・家庭）と連携するためにはどのような課題があるのか。このことを明らかにするのが本書の課題である。

　第一に，学校の教育活動の取り組み姿勢にかかわる課題がある。具体的には，「生きる力」をはぐくむという今日の教育目的にどのようなスタイルの学社連携が求められるのか，また「総合的な学習の時間」において地域・家庭の力をどう活用すべきか，そして学校の教育活動において地域資源の活用をどう図るべきか，などの課題がある。つまり，これは，各学校が教育効果を上げるために，地域や家庭が有する資源をいかに生かすかという教育の内実のあり方にかかわる課題だといえよう。

　第二に，学校をめぐるシステムにかかわる課題がある。たとえば，学校支援ボランティアや学校評議員等の外部人材の活用のあり方は教育の内実を左右する重要な鍵になる。学校支援ボランティアに関しては法的根拠を持たないが，実態として，教育委員会や学校のレベルでそのためのバンクを設けるなどシステムづくりが進んでいる。

　学校評議員制度は学校教育法施行規則の改正によって法的基盤がつくられたところであるが，これは学校の「説明責任」と評価のかかわる新たな課題に直結するようになる。つまり，今日における学校は，単に地域や家庭に協力を求め，それらと連携すればよいという牧歌的段階ではなく，自らの教育の成果を評価し，その経過と結果等を進んで外部に明らかにすることが求められているのである。いうまでもなく，学校評価と「説明責任」という課題は学校選択制にとっての前提になる。現在，東京都品川区や日野市をはじめ，学校選択制を導入する教育委員会が珍しくなくなったが，学校評価と「説明責任」は学校選択制における学校の特色づくりを促す要因になる。

　第三に，生涯学習の推進にかかわる課題がある。学社連携ないしは学社融合

は学校ばかりでなく，社会教育や生涯学習の観点からも少なからぬ意義を有するものである。そこで，学校として地域の社会教育・生涯学習活動にどう寄与すべきなのか，という課題も検討される必要がある。この課題を無視すれば，学社連携は形骸化したり，いずれは低調になることが十分予想されるからである。また，地域生涯学習の推進は生涯学習社会における学校の責務であるといってもよい。

　以上のようなとらえ方から，本書の各章は設定されている。

1章 学社連携・融合

学社連携・融合による新しい教育実践の展開

1．学社連携・融合とは何か

【定義】

　学社連携とは，学校と社会教育が学校教育の改善と地域生涯学習の推進及び活性化を目的として，それぞれの役割分担を前提にしながら，情報交換・連絡調整，相互補完，協働などの諸機能を発揮する恒常的な協力関係の過程だと定義できる。広義の学社連携は学社融合を含み，狭義のそれは学社融合とは区別される。

　学社融合は，学校教育と社会教育がそれぞれの役割分担を前提した上で，学習の場や活動を部分的に重ね合わせながら一体となって子どもたちの教育に取り組んでいこうとする考え方で，学社連携の最も進んだ形態だといわれている（平成8年，生涯学習審議会答申）。つまり，それは学校教育であると同時に社会教育でもある活動のことをいうのである。

(1)「連携」の3機能

　学社連携は今日の学校にとっての大きな課題の一つである。しかし，連携といっても，何をどうすればよいのかが曖昧にされてきた。国の答申類でもその定義が明確になされていなかった。そこで，まず，「連携」とは何かを探っていくことにしよう。

　これまでの国の答申や各地の実践を見ると，学社の「連携」には，「情報交換・連絡調整」および「相互補完」などの機能が込められていることがわかる。

さらに最近は,「協働」という概念も用いられるようになった。この「協働」も学社連携の一つの機能と考えることができる。そこで,「連携」の機能は,これまでの実践や国の答申等を踏まえると,おおよそ以下の三つに見いだされる[1]。

① 情報交換・連絡調整機能

情報交換は,複数主体がお互いの情報を交換し,共有し合うこと。連絡調整は,情報交換を前提に,競合や不足を是正するために協議を図って,ものごとが合理的に営まれるよう調整すること。これらは主として会合などの場で発揮される機能である。実際に,青少年対策のための学校と警察・地域の連携や地域教育会議などはこれらの機能による連携になる。

② 相互補完機能

各主体が施設・設備,人材など自らに欠けるコトやモノ,ヒトを他に求めて補おうとする機能。たとえば,学校の授業に地域住民を講師として位置づけたり,地域に田畑や文化財を借りたり,あるいは校庭を地域レクリエーション大会に提供したり,余裕教室を地域生涯学習の場として開放する機能である。この場合,学校と地域等が相互支援的に結びつくのである。

③ 協働機能

相互補完があくまでも各主体がそれぞれの目的のために協力し合うのに対して,協働機能は複数主体が共通目的を設定して,その実現のために協力して働く機能(この機能は「学社融合」の形態をとる)。たとえば,公民館講座を学校の授業に取り込んだり,地域レクリエーション大会と学校の運動会とを合体させる例が当てはまる。

そこで,以上の3機能を組み込む形で,学校と家庭・地域社会との「連携」についてあらためて定義してみると,「連携」とは,学校と家庭・地域社会とが学校教育の改善と地域の生涯学習推進および活性化を目的として,それぞれが所与の役割分担を前提にした上で,①情報交換・連絡調整,②相互補完,③協働などの諸機能を発揮する恒常的な協力関係の過程のことだといえる。その

場合，三つの機能は，「情報交換」から「相互補完」を経て「協働」へと発展する関係に置かれる。この発展過程は歴史的経過でもあり，かつ特定の取り組みの手続きの過程でもある。

(2)「学社連携」と「学社融合」の関係

　一方，「学社融合」というアイデアも各地に定着しつつある。平成8年の生涯学習審議会答申は「学社融合」を，「学校教育と社会教育がそれぞれの役割分担を前提とした上で，学習の場や活動を部分的に重ね合わせながら一体となって子どもたちの教育に取り組んでいこうとする考え方で，学社連携の最も進んだ形態」だと定義する。この「部分的に重ね合わせ」とは，学校教育と社会教育の活動が一つになることであり，一つの活動が学校教育でもあり，社会教育でもあるというように位置づけることを意味する。そして，「学社連携の最も進んだ形態」だとする部分に注目すると，「学社融合」を学社連携の一形態としてとらえていること，つまり学社連携の概念に含めているように解することができるのである。

　この概念は，学社連携の機能という観点からはどう位置づくのであろうか。学社連携の三つの機能のうち，まず「情報交換・連絡調整」から「相互補完」へと移り，さらにこれらの段階を踏まえて「協働」の機能にまで発展したときに，学社融合の形態が生まれるのである[2]。そうすると，学社融合は学社連携に含まれる概念に位置づくことになる。

　ところが，一般的には，学社連携と学社融合とを区別している。つまり，学社連携は学校教育もしくは社会教育のいずれかの主体のために他方が資源交換ないしは相互補完を行うという概念であって，学社融合は学校教育と社会教育の両方が主体になって共通目標実現のために資源を共有する概念であり，その点に学社連携と学社融合の違いがあるとされる。栃木県鹿沼市の取り組み（事例編，p.174参照）は学社融合をそのようにとらえている。

(3)「学社融合」のとらえ方

　したがって，われわれは学社融合を学社連携とは異なるものとしながらも，同時に学社連携に含まれるアイデアとしても理解している。そこで，学社連携の概念を，以下のように広義と狭義の二つの観点から理解する必要がある[3]。

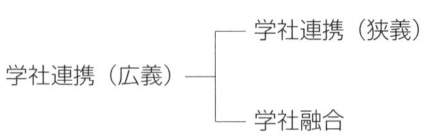

図2　学校連携・学社融合のとらえ方

　学社連携を広義に解すれば学社融合は最も進化した学社連携の一つの形態に位置づき，それを狭義に解したときに学社融合とは異なる関係としてとらえることができるのである。したがって，「学社連携・融合」というように，「連携」と「融合」を併記している場合は，「連携」を狭義に理解していることになる。そのときの「連携」とは相互補完機能による連携を指している。また，あえて「学社融合」という表現をせずにそのアイデアを含めて「学社連携」を論じる場合は，「連携」を広義にとらえているのである。だが，「学社融合」といいながらも，狭義の「学社連携」のことをいっている例も見られるが，これでは「融合」が意味をなさないので適当ではない。

　なお，本書では，「学社連携・融合」と表記した場合の「連携」は狭義のものとし，単に「学社連携」と記した場合の「連携」は「融合」を含む広義の意味で用いるものとした。

✤メモ

　学社融合の用語は，狭義と広義の二つの意味で用いられる。狭義の学社融合とは学校教育と社会教育の融合のことで，その双方の活動にオーバーラップする活動のことをいう。一方，広義では，学校と地域社会（場合によっては家庭も含まれる）との融合を意味している。なお，学校開放講座のように，児童・生徒が教育課程上の学習活動として加わらず，住民のみが参加する事業を学社融合に含め

る考え方も見られるが，この場合は，従来の相互補完による学社連携の域を出るものではなく，むしろ概念の混乱を招くので適切な用法だとはいえない。授業におけるゲストティーチャーの活用も同様に学社融合とはいえない。

2．学社連携・融合の意義

【意義】
学社連携・融合は，学校と社会教育の双方に意義をもたらす。
(1) 学校にとっての意義
　① 児童・生徒の学習活動に高い専門性が得られる
　② 学校の機能不足を補うことができる
　③ 学校のスリム化につなげることができる
　④ 地域による学校理解が深まり，学校に新しいアイデアが注入される
(2) 社会教育・地域にとっての意義
　① 住民や保護者の学習意欲が高まり，やりがいや自己実現が図られる
　② 地域生涯学習の場が確保できる
　③ 学校の教育力が活用できる
　④ 生涯学習や地域社会の活性化が図られる

　学社連携・融合の取り組みが各地で進展しているが，その意義はどこにあるのだろうか。ここでは，学校と社会教育・地域の二つの立場からその意義を示しておこう。

(1) 学校にとっての意義

① 地域資源（人材・環境）の活用によって児童・生徒の学習活動に高い専門性が得られる

　まず，教師の専門外の分野にかかわる学習に地域の専門家等を依頼したり，ティーム・ティーチング要員として地域の人に協力を求めれば，児童・生徒の

学習に専門性が得られ，活動が豊かになり，深化できるという意義がある。特に，道徳の時間や「総合的な学習の時間」などで強く期待される。

② 学社の相互補完によって学校の機能不足を補うことができる

学校の機能不足が補完されるという意義がある。現在の学校は少子高齢化社会の影響によって小規模化しているため，そこに学ぶ児童・生徒の人間関係が同質化しやすい。また，部活動のメニューも減少し，特に団体で行う分野のメニューが廃止されるケースがある。そこで，地域の人々の協力を得れば，児童・生徒は多様な人々との交流を通して人間関係を広げることができ，また廃止されそうな部活動を維持することも可能である。

③ 創意工夫と継続的活動によって，学校のスリム化につなげられる

学校のスリム化の効果については疑問視する声もあるが，たとえば，学校図書館運営にボランティアの協力を求めたり，授業の教材づくりを保護者等に委ねたり，あるいは部活動の指導者として地域の経験者を導入するなど学校の周辺的業務に地域支援を受け入れれば，その限りにおいてスリム化する可能性が高くなる。また，授業における連携・融合については，既存の社会教育プログラムを導入すればスリム化につなげやすい。

例をあげると，公民館の科学教室と学校の理科の授業との融合による8時間の学習プログラムを計画した場合，公民館職員と学校教師がそれぞれ4時間ずつの準備を分担すれば，学習者である地域住民と児童・生徒はそれぞれ8時間の学習が維持でき，結果として職員と教師の業務が軽減される[4]。鹿沼市の例でも学校のスリム化という成果が得られたようである（事例編，p.174参照）。

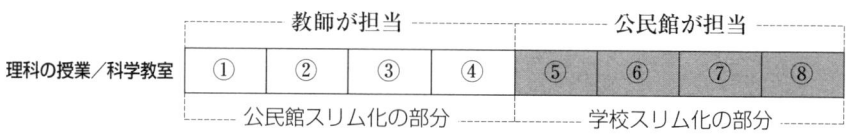

図3　公民館との連携によるスリム化の例

④ 地域による学校理解が深まり，学校に新しいアイデアが注入される

地域による学校不信の原因には，学校内の情報が地域に伝わりにくいという

実態がある。学校は何を考えているのかわからないという声，また予告もなしに行事で騒音をまき散らされて困っているという苦情なども起きやすい。ところが，学校と地域が強く結びつけば，地域は学校の活動や教職員の情報を把握でき，学校に対する理解者になるはずである。

(2) 社会教育・地域にとっての意義

① 学校支援ボランティア等の住民や保護者の学習意欲が高まり，やりがいや自己実現が図られる

学校支援ボランティアがゲストティーチャーとして児童・生徒を指導することとは同時にボランティア自身の学習成果を生かすことでもある。人に教えるやりがいは学習意欲を高め，自らも学習を深めることにもなるはずである。その他，環境整備にかかわる学校支援ボランティア活動も住民の自己実現の機会になるであろう。

② 学校施設の利用によって生涯学習の場が確保できる

学校の余裕教室や特別教室，体育施設等の開放によって，地域住民の生涯学習の場が確保される。公民館等の施設確保が困難な実情もあり，また学校は住民にとって最も身近な場所であることから，学校施設を利用することは生涯学習の推進に大きな意義をもたらす。特に，千葉県習志野市立秋津小学校の例のように，住民が部活動やクラブ活動で児童・生徒と活動を行えば，学校は世代間交流を伴う学習活動の場になる。

③ 教師の指導が得られるなど学校の教育力が活用できる

学校や教師が地域活動に協力している学社連携事例が各地で見られる。これらの事例では，教師が子ども会にアドバイスを与えたり，スポーツや文化活動のサークル指導者として協力している。教師やその他職員の教育力は地域生涯学習にとっての大きな資源になるはずである。

④ 生涯学習や地域社会の活性化が図られる

地域サークルが学校にかかわり，そこにやりがいを感じるようになれば，他の地域サークルや個人の学習活動がプラスの刺激を受け，ひいては地域自体の

活性化が図られる。特に，学社融合事業には児童・生徒を含めて地域の多様な人々がかかわるので，必然的に地域の活性化を生むことになる。

　各地で取り組まれている様々な実践からは，おおよそ以上のような意義を読み取ることができる。これからの学校と地域との連携（学社連携）は，そうした意義を念頭に置いて取り組まれるべきであり，決して他の事例を追うだけの追従的で形式的な取り組みであってはならない。

3．学社連携・融合による新しい実践

---【学社連携・融合のタイプ】---
　学社連携・融合の実践タイプは次のように分類できる。
（1）　学社連携（狭義）のタイプ
　　①学校からのアプローチ
　　　（a）　地域資源活用型連携
　　　（b）　地域支援型連携
　　②社会教育（地域）からのアプローチ
　　　（c）　学校資源活用型連携
　　　（d）　学校支援型連携
（2）　学社融合のタイプ
　　　（e）　学校教育への相乗り型融合
　　　（f）　社会教育への相乗り型融合
　　　（g）　学社協働開発型融合

　これからの学社連携は，学校教育のすべての領域を通じて次のような具体的課題に取り組むことが期待される。すなわち，学校支援ボランティア等の地域人材の効果的な活用，地域環境の教材化，社会教育施設等の学習の場の活用，余裕教室等の開放による地域生涯学習の支援などの課題である。これらの連携をタイプ化すれば，おおよそ図4のようになる[5]。

1章
学社連携・融合

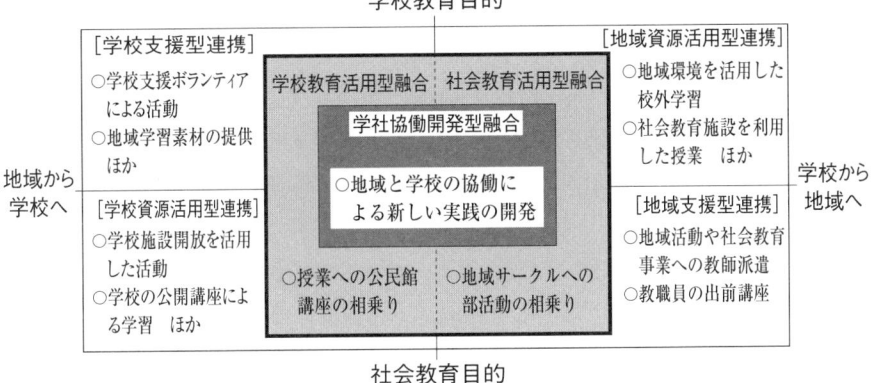

図4　地域と学校との連携でつくる新しい実践の方向

〔資料〕　佐藤晴雄「地域と学校の連携を考える」白石克己・広瀬隆人編『生涯学習を拓く』ぎょうせい，2001

(1) 学社連携（狭義）のタイプ

(a) 地域資源活用型連携

　まず，学校教育を目的として，学校から地域にアプローチし，その諸資源を活用していく実践であり，その意味で［地域資源活用型連携］と名づけられる実践である。たとえば，地域の伝統文化の見学学習や自然環境の中で行われる校外学習，また公民館や図書館等の社会教育施設を対象にした調べ学習などが当てはまる。その過程においては，伝統文化継承者や自然環境指導員，施設職員の協力を得ることになる。このタイプは従来の学校でもしばしば取り組まれてきた実践であるが，今後，さらに発展と定着が期待される。

(b) 地域支援型連携

　次に，社会教育を目的としつつ学校が地域にアプローチしていく実践も見られる。教職員による「学校出前講座」をはじめ，教師が地域のサークル活動や公民館の主催授業で指導者や講師を務め，また青少年対策の会議で助言者になることが該当する。地域に対する学校の教育力の提供という形の連携である。この場合は，学校が地域を支援していく連携に属するので，［地域支援型連携］

17

にあたる。

　(c)　学校支援型連携

　そして，同じく学校教育を目的とするが，地域の方が学校に入り込む実践がある。このタイプは，学校支援ボランティアによる授業および部活動などの指導や図書館運営の協力などの活動，住民が提供した地域素材を取り込んだ授業の実施などがあるように，地域が学校に対して支援していくという意味から［学校支援型連携］と呼んでおきたい。一部の学校では地域住民と教師が協働で指導計画を立案している事例も見られる。このタイプも従来の一部の学校で取り組まれていたが，現在，あらためて注目されるようになった実践だといえよう。

　(d)　学校資源活用型連携

　このタイプは，社会教育（地域活動を含む）を目的として，地域が学校に乗り入れる活動のことである。この種の実践活動には，学校の余裕教室や体育施設，あるいは公開講座を活用した地域住民の生涯学習や学校図書館の地域利用などがある。つまり，地域が学校の施設等の資源を活用していく連携であることから，このタイプは［学校資源活用型連携］と名づけることができよう。昨今の少子高齢化の影響を受けて，学校施設開放の範囲を拡大するとともに，地域生涯学習のための専用施設を設置する学校もある。

　以上の分類によれば，学校による地域人材の活用は，その活用の場が学校内であれば地域住民等が学校に入り込むので［学校支援型連携］として扱い，反対にその場が地域であれば学校が地域に赴くことになるので［地域資源活用型連携］に属するものと考えるのである。［学校資源活用型連携］と［地域支援型連携］の関係も同じように理解されてよい。

(2)　学社融合のタイプ

　地域と学校の連携を考える場合，まずは以上の4タイプに分けてみることが必要である。だが，この4分類に当てはまらない新たな実践が芽生えてきた。

学社融合の実践である。もう一度図 4 (p.17) を見てほしい。図中の中央に位置するのが「学社融合」である。これは，学校教育と社会教育の目的をともに実現するために，それぞれの活動が融合され，判別できないタイプの実践である。これをさらに分類すると，以下のような三つの細かいタイプになる。

(e) 社会教育活用型融合

まず，既存の社会教育活動や事業に学校教育が相乗りするタイプの融合である。たとえば，社会教育行政が実施する「出前講座」を学校の授業で活用する実践や，地域サークル活動に児童・生徒を参加させて部活動とする取り組みが当てはまる。

(f) 学校教育活用型融合

また，社会教育活用型とは反対に，既存の学校教育に社会教育活動が乗り入れるタイプの融合もある。このタイプに属する事例には，学校の授業を家庭教育学級プログラムに組み込む実践や学校のクラブ・部活動に地域住民が加わる場合などがある。学校の運動会に地域の運動会が乗り入れる例は各地に広く見られるが，これもこのタイプに該当する。

(g) 学社協働開発型融合

さらに，既存の教育活動を生かすのではなく，地域の社会教育関係者と学校の教職員が協働しながらつくりあげる全く新しい活動が見られる。たとえば，児童・生徒と地域住民が一緒に学習できるパソコン教室を新たに企画する例，児童・生徒と住民から構成されるクラブ・部活動を新設する例，近隣学校と自治会・老人会などとの合同によって地域の祭りを新しく企画した例など，近年このタイプの取り組みが急速に増えている。

今日，学社融合をそれら 3 タイプに分類するのは通例のようである。学校のスリム化という点では社会教育活用型が適し，地域生涯学習の機会の確保という意味では学校教育活用型が適当だといえる。また，地域活性化の面から見れば，学社協働開発型がふさわしいであろう。学社融合に取り組むときには，このようにその効果をあらかじめ想定しておくことが大切である。

これらのタイプの連携には，前記した「相互補完機能」が見られる。むろん，その前提には「情報交換・連絡調整機能」が不可欠となる。これら二つの機能を踏まえて「協働機能」が発揮されれば「学社融合」の取り組みが可能になるわけである。

4．実践の課題

【課題】
(1)　「開かれた学校」と学校の安全管理対策
(2)　教師の意識改革と「ゆとり」の確保
(3)　学校と地域・家庭が持つ固有性の尊重

　それでは，今後，学校が地域・家庭と連携を進めていくためには，どのような課題があるだろうか。実際，数多くの課題が指摘されているが，ここでは以下の3点に絞って，その課題を明らかにしておこう。

(1)　「開かれた学校」と学校の安全管理対策

　第一の課題は，学校の安全管理を図りながら，「開かれた学校づくり」を進める工夫を図ることである。
　新学習指導要領が「開かれた学校づくり」を重視し，その完全実施が待たれる時に，大阪教育大学附属池田小学校で世間を震撼させた児童殺傷事件が起きた。これを契機に，開かれた学校づくりにある程度のブレーキがかけられたのも事実である。すなわち，「開かれた学校」を疑問視する声があがって，監視ビデオの設置，校外パトロールの実施，訪問者のチェック，授業中の校門閉鎖など様々な対策が講じられたのである。
　たしかに，それら対策の効果もある程度認められるが，だからといって「開かれた学校づくり」が見直され，否定されてよいというわけではない。学校を開くか，閉じるかという論議は，「教育開発論と安全管理という異なる次元の

問題を校門開放の安全性という部分で同一に論じた」ものである[6]。

　今後の学校に求められるのは，安全管理を徹底しながら，どう学校を開いていくかということなのである。たとえば，地域の人々により積極的に学校に入ってもらえば，学校内が人目の多い場所となり，監視の目が行き届くため，かのような事件がむしろ起こりにくくなるであろう。いうまでもなく，これには学校内の無秩序化を起こさないような配慮が必要である。また，地域住民や保護者の協力を得て，学校周辺の巡回を依頼するのも地域人材活用の新たな方法になろう。

　ちなみに，国立教育研究所（現国立教育政策研究所）の調査によれば，学社連携・融合事業の実施による効果として，最も多くの教育委員会担当者が「子どもの教育に対する地域住民の意識の向上」を指摘している[7]。このデータからは，地域が学校にかかわることによって子どもに関心を一層強めるようになる傾向が指摘できる。要するに，地域社会が学校にかかわり，学校を孤立化させないことこそが，学校を開くと同時にその安全管理につながるものと考えられるのである。

　各学校の実情に応じて，安全管理と開かれた学校とを両立させる工夫が求められるのである。

(2) 教師の意識改革と「ゆとり」の確保

　第二の課題は，教師の潜在意識をゆさぶるようなきっかけづくりに取り組むことである。

　学校と地域の連携がなかなか進展しない理由の一つに，教師の意識改革が十分でないことがあるといわれる。自己完結的な伝統的学校観が根強く残っているため，教師は地域連携に逡巡しがちなのである。

　前記の国立教育研究所の調査によると，「『学社連携・融合』を推進しようとする場合の問題点」として，教育委員会担当者の44.9％が「学校教員の理解・協力が得にくい」という選択肢を選んでいる。この数値は，第1位の「児童・生徒にゆとりがない」45.3％に迫り，第2位にランクしている[8]。

だから，教師の意識改革が必要だといわれるのである。だが，人の意識とは簡単な研修会などによって変えられるものではない。教師の気持ちをゆさぶるような大きなインパクトのあるきっかけがなければ，その意識は変わらないものである。

　実際に，国や教育委員会等の研究指定を受けてから，教師が地域連携にも本腰を入れるようになったという事実がある。学社融合の取り組みを最初に展開した栃木県鹿沼市は，平成8年度に，文部省（現文部科学省）と県教育委員会による研究委嘱を受けてから，先駆的な取り組みを開始している。また，県下6市町に意欲的な学社連携・融合を促した福岡県は，平成9年度から3年間，各市町に地域推進委員会を設置し，学社融合プログラムの開発を求めたのである。福岡県のアンケート調査によると，「社会教育と連携し，地域の教育資源を活用した授業づくりは必要であると思いますか」という質問に，「強くそう思う」＋「そう思う」と回答した教師は合計95％である[9]。県の事業がインパクトになり，教師の意識に影響を及ぼしたものと考えられそうなデータである。

　今後は，教育委員会レベルの取り組みを待つだけでなく，各学校は自らに課題を積極的に課すような意欲が求められる。神奈川県では，「地域との協働による学校づくり推進事業」を平成11年度から3か年間実施し指定校を応募したところ，3年間に指定校等は18校から105校にまで増えている。この場合，県が一方的に指定したのではなく，各学校から希望を受け入れる形で指定校が決められているのである。このようなチャンスをとらえるなど，各学校は積極的に新しい課題にチャレンジするような姿勢を持つことが大切になる。

(3) 学校と地域・家庭が持つ固有性の尊重

　第三の課題は，学校と地域社会，家庭の各々が持つ固有の役割や価値観を尊重し合うことである。

　学校と地域・家庭が連携することとは，それらの役割が同質化すべきことをいっているのではない。しかし，実際には，それら三者の教育観が同質化され

やすくなり，各々の役割も均質化しがちである。

　本来なら，地域や家庭は学校とは異なる価値観と役割意識を持って子どもたちに接していかなければならないはずである。たとえば，中高生の飲酒は学校では厳しく罰せられるが，家庭ではクリスマスや正月に父親がわが子にワインを勧めるなど，ある程度許容されてもよい場合がある。買い食いを禁止されている学校の生徒がファストフード店に立ち寄るのを見ても，地域の人なら黙認してよいことがある。

　むろん度を過ぎればこの限りでないが，このように学校と地域（社会教育），家庭が各々異なる観点で子どもたちに対応することは決して否定されるものではない。学校で失敗した子どもは地域や家庭に癒しの場を求めることができるからである。そうでなければ，子どもたちは息をつまらせ，ストレスをためるばかりである。

　学校でやんちゃな中学生が地域では近所の幼児の面倒をよく見ているという例は珍しくない。その子は中学校での評価とは異なり，地域からは親切な中学生だと思われているのである。また，学校で問題行動ばかり起こす生徒を地域の太鼓保存会に預けたところ，その子は自分の立場をわきまえ，問題行動を起こさなくなったという例もある。保存会でその生徒ははるか年上のたくましいメンバーから学校よりも厳しい指導を受けたからである。このように子どもに対する見方や扱い方が学校，地域，家庭で異なることが大切である。

　以上のような考え方から，学校と地域の連携を進めるときには，お互いの立場と役割を尊重し合い，それぞれの持ち味が発揮できるよう配慮すべきなのである。

〔註〕
1) 佐藤晴雄編『地域社会・家庭と結ぶ学校経営』東洋館出版社，1999年，pp.46-47
2) 筆者は，情報交換・連絡調整機能だけの段階を「整合段階」とし，これに相互補完機能を加えた段階を「結合段階」，さらにこの段階から協働機能をも加えた段階を「融合段階」と呼んでいる。佐藤晴雄編『学校と地域でつくる学びの未来』ぎょうせい，2001年，pp.20-22

3) 学社連携と学社融合を区別する考え方の例としては，栃木県鹿沼市の取り組みがある。なお，平成8年の生涯学習審議会答申は，学社融合を「学社連携の最も進んだ形態」だと位置づけている（学社連携から進化した形態ではなく）。
4) 福岡県教育委員会編『平成11年度 いきいきスクールふくおか 事業報告書——福岡県の学社連携・融合』教育企画部生涯学習課，2000年，p.115. ここでは，理科授業の融合実践と並んで，マラソン大会の融合がスリム化の事例として紹介されている。
5) 佐藤晴雄「地域と学校の連携を考える」白石克己・広瀬隆人編『生涯学習を拓く』ぎょうせい，2001年，pp.74-75
6) 篠原清昭「求められる『危機意識』の形成——学校の経営的課題」『季刊教育法』第131号，エイデル研究所，2001年12月，p.21
7) 研究代表者　澤野由紀子『教育の役割構造変容に伴う学社連携のパラダイム展開に関する研究』生涯学習研究部，1999年，p.17
8) 同上書，p.17
9) 福岡県教育委員会，前掲書，p.17

●参考文献
白石克己・佐藤晴雄・田中雅文編『学校と地域でつくる学びの未来』ぎょうせい，2001年
日本ＰＴＡ全国協議会編『学校と家庭・地域の架け橋ＰＴＡ——連携をどう進めるか』日本ＰＴＡ全国協議会，2000年
栃木県鹿沼市教育委員会編『学校をつくる 地域をつくる——鹿沼発 学社融合のススメ』草土文化，2000年

2章 「生きる力」と新学習指導要領

学校・家庭・地域が一体となって進める「生きる力」の育成

1．「生きる力」とは何か

―【定義】―

「生きる力」とは次の資質・能力にかかわる全人的な力のことである。
①自分で課題を見つけ，自ら学び，自ら考え，主体的に判断し，行動し，よりよく問題を解決する資質や能力
②自らを律しつつ，他人とともに協調し，他人を思いやる心や感動する心など，豊かな人間性
③たくましく生きるための健康や体力など含む実践的な力

これは平成14年度から小・中学校で実施されている平成10年度改訂版の学習指導要領（高校は平成15年度から）の基本的指針とされる。

平成8年に発表された第15期中央教育審議会第一次答申によれば，「生きる力」は上記のように三つの要素を持つ全人的な力だと定義される（図5）が，そのうち①の要素が主眼になるといってよい。つまり，同答申では「今日の変化の激しい社会にあって，いわゆる知識の陳腐化が早まり」つつある情勢や「行き先不透明な社会にあって，その時々の状況を踏まえつつ，考えたり，判断する力が一層重要になっている」と述べられている。したがって，自ら考え，自ら学ぶための資質・能力が重要だとされたのである。

生きる力＝生きていくための「知恵」ともいうべき全人的な力 ─┬─ ①自ら考え，自ら問題を解決していくための資質・能力
　　　　　　　　　　　　　　　　　　　　　　　　　　　　├─ ②柔らかな感性や正義感・温かい心を含む豊かな人間性
　　　　　　　　　　　　　　　　　　　　　　　　　　　　└─ ③以上の資質・能力を支える健康体力

図5　「生きる力」の要素

　「生きる力」は現在の教育改革の基本的指針になる概念であり，学校の特色ある教育活動の目標になっている。この概念の導入によって，学校知は，学習の結果である知識や技術そのものである「内容知」を最重視する考え方から，学び方にかかわる「方法知」重視へとその重心を変えようとしている。
　まず，最初に，その「生きる力」をはぐくむことを重視して改訂された平成10年改訂（高校と特殊教育諸学校は平成11年改訂）の学習指導要領の要点を見ておこう。

（1）学習指導要領の「改訂」の要点

　周知のとおり，戦後，学習指導要領の改訂はほぼ10年ごとに行われ，今回の第6次改訂も前回からちょうど10年目にあたり，その意味では時宜にかなう，抜本的な改訂だと考えることもできる。小・中学校の場合，教科等の内容を除けば，その改訂の要点はおよそ以下の点にまとめられる。
　①年間授業週数を現行と同様に35週間以上とされた
　②完全学校5日制に対応させるため，授業時数が年間70単位時間削減された
　③教育内容の厳選と基礎・基本の徹底が図られた
　④体験的な学習と問題解決的な学習がより重視された
　⑤現行の教科，道徳，特別活動という教育課程を維持した
　⑥小学校第3学年以上に「総合的な学習の時間」が創設された
　⑦「開かれた学校」への対応と家庭・地域との連携が重視された
　⑧創意工夫を生かした時間割の弾力的編成が可能になった
　⑨授業1単位時間の45分常例（中学校は50分，高校は標準50分）を廃止し，

それを各学校において適切に設定することとされた
⑩国際化の視点が強調され，小学校では「総合的な学習の時間」において外国語会話学習等の実施が可能になり，中学校の外国語が選択教科から必修教科に変更になった
⑪「開かれた学校づくり」が重視された
⑫中学校（高校も）のクラブ活動が廃止された

そのほかにも変更点は少なくないが，以上の諸点は「生きる力」の育成と「ゆとり」確保を大きなねらいとするものである。特に今次改訂は，完全学校週5日制を必須命題とする抜本的な教育改革を背景にして，児童・生徒が抱える様々な問題への対応を強く迫った。なかでも，「開かれた学校づくり」の視点が明記されたことにより，学校は家庭・地域に対して自らを開き，それらとの連携を図ることを必須命題とするようになったのである。

(2)「荒れる学校」と新学習指導要領

新学習指導要領の改訂は，完全学校週5日制の実施を念頭に置いたものであると同時に，「荒れる学校」と児童・生徒の問題行動の激化の中で進められたのである。問題行動は，いじめ，登校拒否から今や暴力行動や学級崩壊にまで至り，その舞台は中学校から小学校へと移りつつあり，多様化と低年齢化が進んでいる。新学習指導要領はこうした問題行動対策をも視野に入れながら新たな教育課程のあり方に迫ろうとするのである。

平成13年12月に公表された文部科学省「学校問題行動調査」によれば[1]，平成12年度に起こった暴力行為は「学校内」11.4ポイント増，「学校外」4.6ポイント増になった。特に，生徒間暴力の件数が増加し，前年比10.8ポイント増である。小学生による対教師暴力は204件で，前年度の高等学校並みである。同じく小学生の校内での生徒間暴力は668件であった。対教師暴力も増加率が高く，全体では16.5ポイント増で，中学生ほどではないにしても，小学校の増加率が高校のそれを上回るなど深刻な現状が浮かび上がっている。たしかに，す

べての暴力行為発生件数は中学校で最多となるが，小学校にもその増加傾向は徐々に及んでいることが明らかになっている。

　暴力行為に至らない場合でも，小学校では，新しい学校の「荒れ」である「学級崩壊」が増加している。「学級崩壊」とは，「授業エスケープや担任教師に対する反抗，学級全体を覆うとめどもないおしゃべりなどによって授業が成立しない状態」[2]のことである。そこに器物や教師に対する暴力行為が絡んでくる場合も珍しくない。

　こうした児童・生徒による暴力行動や「学級崩壊」の背景には，過密化した教育課程とそのもとで行われる画一的な知育偏重教育の存在があるといわれる。つまり，そうした学校教育のもとで，子どもたちは授業を十分理解できずにストレスを鬱積させ，また生活体験不足などのために規範意識が歪みつつあるからである。

　新学習指導要領が「生きる力」の育成と「ゆとり」の確保をめざして，教育内容を厳選して，基礎・基本の確実な習得と体験活動を重視するとともに指導方法の創意工夫を求めたのは，それら問題への対応も意図したからであろう。

2．教育課程のスリム化と新学習指導要領

> 【展開】
>
> 　新学習指導要領の実施によって，学習内容が大幅に削減されたため，学力低下などが懸念されている。そこで，少人数指導やきめ細かな指導によって基礎・基本の徹底を図ることが期待される。そのため，学校には，ＴＴや少人数指導に地域のボランティアなどを活用したり，あるいは教師が学習指導に専念できるように部活動の指導などに地域指導者を導入して地域との連携に努めることが求められる。

(1) 授業時数の削減

　新学習指導要領は授業時数の大幅な削減を行った。むろん，完全学校週5日

制への対応としてであるが，学校に「ゆとり」を確保することも意図している。

年間総授業時数を現行と比較すると，新学習指導要領（小学校）では，1・2年生が68時数減，3年生以上では70時数減となる。教科の時間に限ってみると，1年生68時数減，2年生70時数減，3年生175時数減，4年生140時数減，5・6年生145時数減とされ，3年生の削減率が最も高く，なかでも社会科と理科は3割近く削減される。

この授業時数の削減と連動して，教育内容の厳選と指導方法の創意工夫が必要だとされた。新学習指導要領は，教育課程編成の一般方針の一つとして，「自ら学び考える力の育成を図るとともに，基礎的・基本的内容の確実な定着を図り，個性を生かす教育の充実に努めなければならない」と述べる。そして，指導計画作成上の配慮事項については，「各教科等の指導に当たっては，児童が学習内容を確実に身に付けることができるよう，学校や児童の実態に応じ，個別指導やグループ別指導，繰り返し指導（中学校では，「学習内容の習熟の程度に応じた指導」），教師の協力的な指導など指導方法や指導体制を工夫改善し，個に応じた指導の充実を図る」よう求める。すなわち，教育内容を基礎・基本に絞り込み，同時に指導方法を改善していくことによって，「その後の学習や生活に必要な最小限の基礎的・基本的内容」を確実に習得させることが不可欠だというのである（平成10年，教育課程審議会答申）。

(2) 授業の理解度

教育課程審議会答申は，「ゆとりをもって学習できずに教育内容を十分に理解できない子どもたちが少なくない」と述べるが，実際，児童・生徒は学校の授業をどの程度理解しているのだろうか。

平成10年11月公表の文部省「学校教育に関する意識調査」（平成10年2月実施）は[3]，全国の小・中・高校の児童・生徒約8,200人に対して実施したものだが，小学生のうち授業が「よくわかる」ものは3年生で22.1％，5年生で17.7％，「だいたいわかる」ものは同じく48.3％と48.4％である（「よくわかる」を合わせると，3年生70.4％，5年生66.1％）。他方，「ほとんどわからない」

と「わからないことが多い」の合計は，3年生3.7％，5年生4.8％である。中学生になると，「わからない」生徒が20.3％に増えていることと比べれば，小学生の場合，それほど心配する数字ではない。

　ちなみに，ベネッセ教育研究所調査（平成8年実施）によると[4]，5年生のうち，授業を理解しているものは各教科6〜7割である。文部省調査とほぼ同じ結果である。なお，この数値を調査の6年前と比較すると1〜2ポイント増加している（国語は約4ポイント増加）。つまり，国語科を除けば，平成4年度から実施された学習指導要領に基づく授業によって，理解度が著しく高まったとはいえないのである。

　以上から考えれば，教育内容を厳選してスリム化しても，結局は，授業についていけない児童をゼロに近づけることはきわめて困難であり，現実的ではないようだ。

　小浜逸郎氏は，ある雑誌の対談の中で，「過度の受験競争で子どもたちが苦しんでいるという捉え方や，学校現場で起こった問題現象は大人に責任があり子どもは犠牲者という捉え方などは，徐々に実情に合わなくなってきた」とし，また，自らの指導体験に基づいて，「現在与えられている学力評価の枠組みの中では，いくら時間をかけて丁寧にやっても，次の瞬間，忘れてしまう子はいるのです。だから，この枠組みにおける適応，不適応は認めなくてはいけない」と述べる[5]。

　この小浜氏の発言は極端な例の話であろうが，至極現実的な発想でもあり，多くの教師も否定できないのではないだろうか。もうかなり以前に，授業についていける児童・生徒の割合は，7・5・3（小・中・高）だといわれた。現在に至っても，その傾向は前述の調査結果によって裏づけられたようである。したがって，新学習指導要領のもとで教育内容を基礎・基本に厳選した場合でも，個別・グループ別など指導方法を相当工夫し，それを行うだけの教師の力量が伴わなければ，ほとんど効果が期待できないと思われる。

(3) 教師の力量と地域連携

　実際，ある教師は「学級崩壊」に関する見解として，「力量のない教師が多く採用されているのも事実です」と指摘し，また他の教師は「教師も親も，子どもを教育する立場にあるという自覚と責任を」持つべきだと述べる[6]。小学生に対する調査でも，教師に対してよりも，塾の先生の方に，教え方や幅広い知識，先生として尊敬などの点において，優れた評価を下している[7]。

　したがって，教師としては，いたずらに理想ばかりを求めずに，教育現実をしっかりと認識した上で基礎・基本の徹底に努めなければならない。そのためには，教師は自らの指導力を高めるとともに，確かな学力を身につけさせるための指導体制づくりに努めることが大切になる。

(4) きめ細かな指導での地域の力の活用

　そこで，まず，ＴＴ（ティーム・ティーチング）や少人数指導などに地域ボランティア（学校支援ボランティア）の力を取り入れることが考えられる。従来の一斉指導を改め，多様な指導方法を併用しながら，児童・生徒に学力を身につけさせることが大切になる。たとえば，東京都三鷹市立第四小学校で取り組んでいる学習アドバイザーの活用はその好例だといえよう（事例編，p.154参照）。

　次に，多忙化する教師の仕事を軽減させ，教師が学習指導に専念できるような環境づくりが必要になる。たとえば，部活動の指導を地域指導者に委ねたり，図書室の管理・運営等の業務を保護者や地域ボランティアに依頼することが考えられる。

　このように，学力の問題に関しても，学校と家庭・地域との連携は重要な役割を果たすことが期待されるのである。

　文部科学省が平成14年1月に公表した「確かな学力の向上のための2002アピール『学びのすすめ』」は，「きめ細かな指導で，基礎・基本や自ら学び自ら考える力を身に付ける」ことを五つの視点の一つとして提示しているが，具体的には「少人数指導・習熟度別指導など，個に応じたきめ細かな指導の実施を推

進し，基礎・基本の確実な定着や自ら学び自ら考える力の育成を図る」よう述べている。この「学びのすすめ」を生かすためには，地域の力を活用していくことが現実的な取り組みの視点になる。

---- ♣「学びのすすめ」（平成14年1月）の骨子 ----
きめ細かな指導で，基礎・基本や自ら学び自ら考える力を身に付ける発展的な学習で，一人一人の個性等に応じて子どもの力をより伸ばして学ぶことの楽しさを体験させ，学習意欲を高める学びの機会を充実し，学ぶ習慣を身に付ける確かな学力の向上のための特色ある学校づくりを推進する。

3.「生きる力」をめぐる諸課題

---【展開】---
「生きる力」をはぐくむためには，座学よりも体験的・問題解決的な学習が重視される。これらの学習を進めるためには，地域の人材と環境を十分活用していくことが不可欠になる。とりわけ，「生きる力」が全人的な力であるということを踏まえると，横断的・総合的な指導の一層の推進が有効であり，こうした観点から「総合的な学習の時間」が創設されたのである。この「総合的な学習の時間」では，学校や地域の特色等を生かして，地域の人々の協力を得ることが大切になる。

(1)「生きる力」と体験的・問題解決的な学習

① 体験活動・問題解決的な学習の重視

「生きる力」にとっては，生活体験や自然体験がきわめて重視される。第15期中教審第一次答申は，「体験は，子供たちの成長の糧であり，『生きる力』をはぐくむ基盤になっている」と述べている。

新学習指導要領を見ると，指導計画作成上の配慮事項として，「各教科等の指導に当たっては，体験的な学習や問題解決的な学習を重視」すべきだとし，また教育課程編成の一般方針においては，道徳教育を進めるにあたって「ボラ

ンティア活動や自然体験活動などの豊かな体験を通して児童の内面に根ざした道徳性の育成が図られるよう配慮」することを求める。さらに，「総合的な学習の時間」については，「自然体験やボランティア活動などの社会体験，観察・実験，見学や調査，発表や討論，ものづくりや生産活動などの体験的な学習，問題解決的な学習を積極的に取り入れること」としている。体験不足を学校で補い，体験活動を取り入れた教育活動を展開するよう促しているわけである。平成元年版の学習指導要領でも体験活動を重視しているが，今回の改訂版では従来見られないほどそれを重視していることがわかる。まさに，「生きる力」をはぐくむためには，座学だけでは得られない，体験的・問題解決的な学習が不可欠だからである。

② 体験活動の二つの側面

ここでは明確にされていないが，今日，体験活動は二つの側面から重視される。一つは，教科学習の方法・要素としての側面である。教育内容を確実に理解させ，また問題解決能力を身につけさせる手段として体験学習が効果を有するという考え方である。もう一つは補足としての体験活動である。平成10年12月に発表された文部省「子どもの体験活動調査」によれば，今の子どもには生活体験や自然体験が不足しているようだが，これらの体験を学校でも補おうとする観点である。当然，この二つの観点は重なり合い，体験活動がいずれの意味づけをも持つものが通例である。

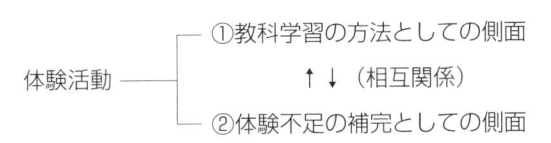

```
                    ┌── ①教科学習の方法としての側面
        体験活動 ──┤         ↑↓  （相互関係）
                    └── ②体験不足の補完としての側面
```

図6　体験活動の二つの側面

それでは，子どもたちの体験活動の実態はどうか。文部省委嘱調査[8]によれば，「タオルやぞうきんを絞ったこと」が「何度もある」小・中学生は男子72％，女子82％と多いが，「ナイフや包丁で，果物の皮をむいたり，野菜を切ったこと」が「何度もある」ものは男子28％，女子53％と少なくなる。また，

「昆虫を捕まえる」，「海や川で泳ぐ」など自然体験については，保護者世代に比べて10ポイント減少しているという。

　以上のデータを見ると，現代の子どもたちには，調査項目に示されたような体験が不足気味なのはまちがいない。しかし，一般的に，子どもの体験不足が指摘される場合，その体験内容がノスタルジックにとらえられていることが多い。文部省委嘱調査の各項目を見ても，雑巾絞り，小さい子を背負う，昆虫採集，木登りなど一昔前に見られた体験が中心である。たしかに，今の子どもたちにはそうした活動の体験率が低いかも知れない。だが，一方では，コンピュータをはじめとする情報機器の操作やスポーツ・芸術活動等の体験は他世代に比べて豊富なのである。つまり，新しい目的指向的な体験活動の機会は多くなっているといえよう。この点に着眼することも重要である。

　いずれにしても，体験活動をどれだけ豊かに取り入れられるかは，地域の資源をいかに活用できるかにかかっている。たとえば，地域の公共施設や自然環境，文化財，企業・産業などを学習材や学習の場として活用したり，地域に住む専門家や住民を指導者として活用することによって，体験活動は豊かになるはずである。この意味で，体験活動重視の傾向は必然的に学校と地域との連携を促すことになったのである。

　③　体験活動の限界と教師の役割

　しかし，留意すべき点がある。体験を重視するあまり知育面がおろそかになりやすいこと，そして体験学習には一定の限界が存在することである。板倉聖宣氏は，「科学というもののほんとうのおもしろさ，すばらしさは，直接みたりさわったりすることのできないものについてまで，たしかな知識を自分のものにすることができること」[9]にあると述べる。つまり，体験できないことをどう教えていくかが重要になる。たとえば，ミクロ世界の体験，歴史的出来事の体験，公序良俗に反する体験などを知識として理解させていかなければならないのである。

　したがって，体験活動が知識習得に結びつき，また知識が体験に生きるような関係づくりが大切になる。知育偏重に問題があるように，体験に偏りすぎる

のも問題だからである。そこで，教師は，体験と知識をどう関係づけていくかという指導に努めなければならない。そこに，地域ボランティアや保護者には期待しにくい，教師ならではの役割を見いだすことができるのである。

(2)「生きる力」と「総合的な学習の時間」

①「総合的な学習の時間」の創設の趣旨

「総合的な学習の時間」は，今次改訂の最も大きな目玉である。この「時間」は，教科外の領域として，小学校3年生以上に導入されている。

第15期中教審第一次答申は，「生きる力」をはぐくむためには，各教科，道徳，特別活動などにおける活動が重要だとしながらも，とりわけ横断的・総合的な指導を一層推進するような新たな手だてを講じることが有効だという考え方から，「総合的な学習の時間」の創設を提言したところである。そして，同答申を受けとめた教育課程審議会答申（平成10年7月）は，「総合的な学習の時間」を創設する趣旨を，1）各学校が地域や学校の実態等に応じて創意工夫を生かして特色ある教育活動を展開できるような時間を確保すること，2）自ら学び自ら考える力などの「生きる力」は全人的な力であることを踏まえ，国際化や情報化をはじめ社会の変化に主体的に対応できる資質や能力を育成するために教科等の枠を超えた横断的・総合的な学習をより円滑に実施するための時間を確保することにある，と明示したのである。要するに，「総合的な学習の時間」は「生きる力」をはぐくむためにきわめて重要な時間に位置づけられているわけである。

② 学社連携による「総合的な学習の時間」の充実

周知のとおり，新学習指導要領では，「総合的な学習の時間」で扱う内容を国際理解，情報，環境，福祉・健康などいくつか例示しているが，どのような内容を扱うかは各学校の環境や教育条件に大きく左右される。この違いを学校の特色とみるか，あるいは学校間格差とみなすのか，見解の分かれるところである。

また，教育条件などが整わないと，「総合的な学習の時間」が「よろず承り

の時間」や単なる「お楽しみの時間」になる可能性もでてくる。たとえば，高校には，その「時間」を大学進学等の説明会にのみ用いている例や学校行事の感想文を書かせるだけで終わっている例などが見られる。「総合的な学習の時間」は「生きる力」をはぐくむための主要な時間となるであろうから，各学校にはその趣旨を十分に理解し，それを生かした取り組みが期待されるところである。

　ともあれ，「総合的な学習の時間」の趣旨を生かすためには，学習活動を学校だけで完結させることなく，進んで保護者や地域と連携し，その人材・環境等を適切に活用していくことが大切になる。現在，全国的に学社連携に対する学校関係者の関心は強まっているが，これは「総合的な学習の時間」の創設によるところが大きいといえよう。

　なお，「総合的な学習の時間」について，第3章で詳しく取り上げているので，そちらを参照されたい。

4．「開かれた学校」と学社連携

【展開】

　「開かれた学校」とは，単に学校施設を開放するにとどまらず，学校の関係情報を提供しながら自らの「説明責任」に努め，さらに地域等外部の意向を学校運営に反映させることも意味している。つまり，それは学校と地域等との双方向の関係構築の推進を意味する概念だといってよい。また，最近は，学校内部において，学級間，学年間，管理職と一般教職員間の開かれた関係を含める場合もある。

　「生きる力」をはぐくむためには，「開かれた学校」づくりを通して学校と地域社会との風通しをよくすることが不可欠である。子どもたちが社会的変化を確実に受けとめ，リアリティある体験的・問題解決的な学びの機会を得ることが，自ら学び自ら考える力や豊かな人間性を培う上で重要だからである。言い換えれば，内容知は座学でも身につけられるが，方法知はリアリティある現実

体験を通して習得されるのである。その意味で,「開かれた学校」づくりをめざす学社連携の取り組みはきわめて大きな役割を果たす。

　もともと,「開かれた学校」とは,臨教審第三次答申（昭和62年4月）の中で示されたアイデアである。同答申は,「開かれた学校」について以下のように述べる。

> 　これからの「開かれた学校」の在り方は,単なる学校施設の開放という範囲をこえて,学校施設の社会教育事業等への開放,学校の管理・運営への地域・保護者の意見の反映等をはじめとする開かれた学校経営への努力,学校のインテリジェント化の推進など学校と他の教育・研究・文化・スポーツ施設との連携,自然教室,自然学校等との教育ネットワーク,国際的に開かれた学校などへと,より広く発展するものと考えられる。　　　　　（臨教審第三次答申,第2章第5節）

　臨教審答申は,単位学校を軸とした同心円的な外部への広がりをもつようなイメージで「開かれた学校」を描いたのである。その具体的な視点として,施設開放,機能開放（社会教育事業等への開放）,地域・保護者の意見の反映などを指摘しているが,これらは第15期中教審第一次答申に引き継がれていく。同中教審答申は,学校・家庭・地域社会の連携に際して配慮すべき点の一つとして,次のように述べる。

> 　これからの学校が,社会に対して「開かれた学校」となり,家庭や地域社会に対して積極的に働きかけを行い,家庭や地域社会とともに子供たちを育てていくという視点に立った学校運営を心がけることは極めて重要なことといわなければならない。　　　　　　　　　　　　　　　　（中教審第一次答申,第2部第4章）

　この「開かれた学校」の考え方はその後様々な取り組みに結実していき,おおよそ以下のような実践として取り組まれるようになっていくのである。

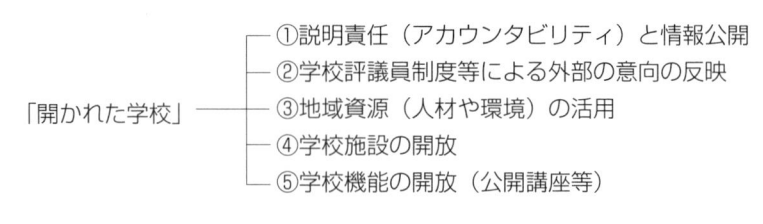

```
                          ─①説明責任（アカウンタビリティ）と情報公開
                          ─②学校評議員制度等による外部の意向の反映
          「開かれた学校」 ─③地域資源（人材や環境）の活用
                          ─④学校施設の開放
                          ─⑤学校機能の開放（公開講座等）
```

図7　「開かれた学校」づくりの要素

　新学習指導要領においては，指導計画の作成等にあたって配慮すべき事項の一つとして，「開かれた学校づくりを進めるために，地域や学校の実態等に応じ，家庭や地域の人々の協力を得るなど家庭や地域社会との連携を深めること」という事項が加えられた。「生きる力」をキーワードに改訂された新学習指導要領は，様々な場面において地域・家庭との連携を重視しようとするわけなのである。

5．「生きる力」をはぐくむための学社連携の課題

---【取り組みのポイント】---
(1)　新学習指導要領と「生きる力」に関する保護者への説得力ある十分な説明に努める
(2)　地域の素材と人材を生かしたリアリティある学習活動や体験的・問題解決的な学習活動を充実させる
(3)　少人数指導やＴＴなどで地域人材を生かして，基礎・基本の徹底による確かな学力の定着を図る
(4)　「開かれた学校」づくりをめざして学社連携に努めながら地域との風通しをよくする

(1)　保護者への説得力ある十分な説明

　まず，新学習指導要領の方針と内容等や「生きる力」について，保護者や地域住民に十分理解できるよう説明することが必要になる。保護者等のなかには，

教育内容と授業時数の削減等による学力低下を懸念する声が少なくないからである。そのためには、「たより」などを配布して情報を一方的に流すだけでは不十分で、保護者等に確実に理解し、納得してもらうよう努めなければならない。同時に、相手の意見や疑問にも真摯に答えていくことも不可欠になる。

「説明責任」とは、説明だけで足りるものではなく、相手の顔を見ながら相手に十分納得してもらうための説明の責任のことだといってよい。懇談会や説明会を土曜日や夜間を含めて適宜開催し、じかに説明する努力が求められるのである。

(2) 地域を生かしたリアリティある学習活動

「生きる力」をはぐくむための体験活動や問題解決的な学習活動などはリアリティのあるものがよい。リアリティある学習活動は児童・生徒に感動を与えるばかりでなく、その興味・関心を高め、座学には期待しにくい生きた「知」を身につけさせるのに有効だからである。

そこで、地域の環境や文化などの素材の教材化を図り、地域の住民や保護者を指導者や指導補助者として依頼することが大切になる。リアリティある生き生きとした学習活動は、まさに「生きる力」をはぐくむための中核に位置づくといえよう。

たとえば、新潟県の小千谷市立小千谷小学校では、保護者や地域の方に様々な形で授業に参加してもらい、教師と一緒に授業を創る学習形態を「学習参加」と呼んでいる。この形態の学習のよさを次のように述べている。

①楽しく学べて意欲が高まる
②個別指導により理解や技能が向上する
③様々な人に触れ、新たな見方や感性が育つ
④コミュニケーション能力が向上する
⑤子どもと家族の共通の話題が増える
⑥地域の人々との安心できる人間関係が育つ
⑦人の役に立とうとする大人の姿を間近に見られる

これは，保護者や地域の力を生かした授業の利点を言い尽しているといってよい。

(3) 地域の力を生かした基礎・基本の徹底

基礎学力の低下に対しては，少人数指導やＴＴ，習熟度に応じた繰り返し指導が有効であり，また，学習進度の遅れがちな児童・生徒の「つまずき」を発見することが不可欠になる。そのためには，一人の教師が授業を担当するだけでなく，複数の指導者が複眼的に行うきめ細かな指導が必要である。

そこで，地域の人材を活用して，教師の指導を補完できるような工夫がなされてよい。ただ，この場合，学習到達度の程度が教師以外にも知られてしまうことから，児童・生徒と近い関係にある保護者等の活用は避けた方が無難であろう。大学生や元教師など学校からやや遠ざかった関係の人材の方が適していると考える。

(4) 「開かれた学校」づくりのための学社連携

学社連携は目的ではなく，「開かれた学校」づくりのための手段である。この自覚に基づいて，学社連携によって家庭や地域に学校を開いていくためには，学校評議員制度の活用はもちろん，各校で努力できる取り組みはたくさんある。前述した地域の素材や人材の活用とともに学校施設の地域等への開放などによって，学校と地域の互酬関係を築くことが課題になる。

「開かれた学校」づくりに熱心な学校には，生き生きと動く活気ある教師の姿が目立ち，校内の教師相互の連携も円滑に行われていることが多い。また，そうした学校では，地域の人たちが様々な学習活動のために学校施設を利用している。「開かれた学校」は，擬制社会ではなく，ナマの社会に限りなく近い。活気ある教師や地域住民・保護者が校内で一日を過ごす，ごく普通の社会だからである。その意味で，「開かれた学校」は，「生きる力」をはぐくむために適した学習環境をそなえた学校のことだといえる。

いずれにしても，「生きる力」をはぐくむには，学校ひとりだけの努力では

なく，学社連携（家庭・地域連携）を通して，学校と地域社会との風通しをよくしながら様々な形態の学習に取り組み，その指導にも十分な創意工夫を図ることが不可欠になるであろう。

〔註〕
1) 文部科学省児童生徒課『平成12年度　生徒指導上の諸問題の現状について』2001年12月
2) 下村哲夫「『学級崩壊』はなぜ起きるか，どう対応するか」『学校経営』第一法規，1998年4月号
3) 文部省「学校教育に関する意識調査」1999年
4) ベネッセ教育研究所『第2回学習基本調査　小学生版』1999年
5) 「特別対談　橋爪大三郎vs小浜逸郎『学校の明日，子どもの未来をどうデザインしていくのか』」『総合教育技術』小学館，1999年1月号
6) 『朝日新聞』，1998年12月6日付朝刊
7) ベネッセ教育研究所『モノグラフ・小学生ナウ』vol. 15-6.
8) 青少年教育活動研究会編『子供たちの自然体験・生活体験等に関する調査研究』1995年
9) 板倉聖宣『科学の学び方・考え方』太郎次郎社，1975年

3章 「総合的な学習の時間」と地域体験学習

学校・家庭・地域の協働で取り組む「総合的な学習」

1.「総合的な学習の時間」のねらい

> **【「総合的な学習の時間」と地域連携】**
>
> 新学習指導要領は,「総則」において,「総合的な学習の時間」に関する配慮事項の一つとして,地域との連携について以下のように記している。
> ①地域の人々の協力も得つつ全教師が一体となって指導に当たるなどの指導体制
> ②地域の教材や学習環境の積極的な活用などについて工夫すること

(1)「総合的な学習の時間」の創設の趣旨

　今や,「総合的な学習の時間」に関する取り組みは,学校が家庭や地域と連携する重要な機会になっている。「総合的な学習の時間」の実施を契機に,家庭や地域との連携に取り組みはじめた学校は少なくない。

　さて,新学習指導要領で「総合的な学習の時間」が創設された趣旨は,①各学校が地域や学校の実態等に応じて創意工夫を生かして特色ある教育活動を展開できるような時間を確保すること,②教科等の枠を超えた横断的・総合的な学習をより円滑に実施するための時間を確保すること,という二つの点にある(教課審答申)。つまり,各学校が教科にとらわれずに,自主的・自律的判断に基づいて特色を出せる学習の時間を設けることにその趣旨がある。そう考えると,「総合的な学習の時間」の取り組みにおいては,学校が横並び意識から他校の先進事例をモデルにする姿勢は望ましくない。

(2)「総合的な学習の時間」のねらい

　また，そのねらいは，1）各学校の創意工夫を生かした横断的・総合的な学習や児童・生徒の興味・関心等に基づく学習などを通じて，自ら課題を見つけ，自ら学び，自ら考え，主体的に判断し，よりよく問題を解決する資質や能力を育てること，2）情報の集め方，調べ方，まとめ方，報告や発表・討論の仕方などの学び方やものの考え方を身につけること，問題の解決や探求活動に主体的，創造的に取り組む態度を育成すること，自己の生き方についての自覚を深めることにあるとされる。ここでは，「内容知」よりも「方法知」，すなわち，学び方にかかわる「知」が重視されていることがわかる。

「総合」のねらい
- ①自ら課題を見つけ，自ら学び，自ら考え，主体的に判断し，よりよく問題を解決する資質や能力を育てること
- ②
  - (a) 学び方やものの考え方を身につけること
  - (b) 問題の解決や探求活動に主体的・創造的に取り組む態度を育成すること
  - (c) 自己の生き方についての自覚を深めること

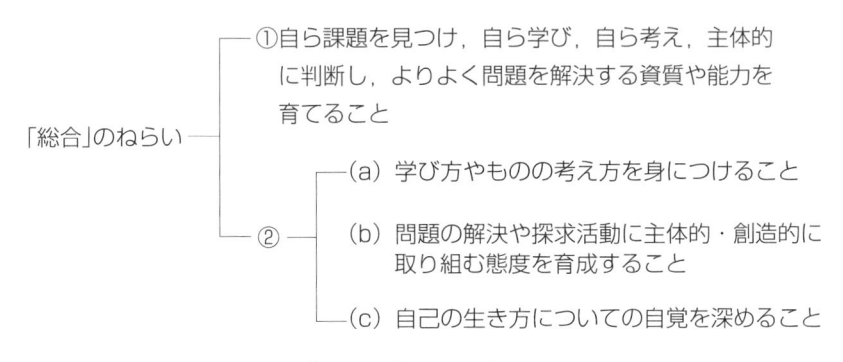

図8 「総合的な学習の時間」のねらい

(3)「総合的な学習の時間」における地域連携の位置づけ

　新学習指導要領は，「総合的な学習の時間」に関する配慮事項の一つとして，「グループ学習や異年齢集団による学習などの多様な学習形態，地域の人々の協力も得つつ全教師が一体となって指導に当たるなどの指導体制，地域の教材や学習環境の積極的な活用などについて工夫すること」と記している。つまり，学習指導要領は，地域との連携に取り組むべきことを正式に促したといってよい。

　以上のような趣旨とねらいがあるため，「総合的な学習の時間」の創設を契

機に，地域社会との連携による協働が各学校にとって喫緊の課題だと意識されるようになったのである。教科書がなく，しかも現実的な地域課題などを扱うその「時間」を単位学校だけの力で取り組むには困難だからである。家庭や地域人材や環境を存分に活用し，生きた学びを展開することが「総合的な学習の時間」に課された課題だといってよい。

2．「総合的な学習の時間」を軸にした「連携」の視点

> 【連携の視点】
> 「総合的な学習の時間」のための学校と家庭・地域の連携を進める視点として，次のような諸点が指摘できる。
> （1） 学校のスリム化を促すこと
> （2） 地域活性化の拠点とすること
> （3） 地域連携の中軸にすること

　言うまでもなく，「総合的な学習の時間」は学校の課題であるが，その過程で学校と地域が連携によって取り組んでいけば地域の生涯学習を活性化させる契機にもなるという意味で，新しい地域密着型の学校（コミュニティ・スクール）づくりをめざすための中心的な取り組みに位置づけられる。その場合，学校は地域とどう連携していけばよいのか。

（1） 学校のスリム化を促す

　第一に，「学校のスリム化」に資するための連携であることが望ましい。
　今日，学社連携の実践は各地に浸透しつつあるが，これは学校と地域（社会教育）との協働によるシナジー効果（p.48参照）が期待されるもので，結果として学校のスリム化に寄与するアイデアである。シナジー効果とは，いわゆる相乗効果のことであって，たとえば，1＋1＝4（シナジー効果は＋2）というように表されるものである。栃木県鹿沼市や福岡県の学校の実践でその効果が指摘されている[1]。

これまでの学社連携の実践は，生活科や社会科，家庭科などの教科に多く見られたが，今後，「総合的な学習の時間」を中心に展開されることになろう。中留武昭氏は，総合的学習を学校改善に結びつける接点の一つが開かれた協働としての共存関係の形成にあると指摘する[2]。つまり，「総合的な学習の時間」の実施過程に学校内外の協働を取り入れれば，学校改善に結びつくことを主張しているのである。むろん，学校のスリム化も学校改善の一つになる。

　以上のように，「総合的な学習の時間」における地域との連携・協働を通して学校のスリム化にまで発展させることがきわめて大切な視点になるわけである。その視点を欠けば，「総合的な学習の時間」は単なる学校のお荷物になり，子どもにとって学習とは程遠いお遊びの時間に過ぎなくなってしまうかも知れない。

(2) 地域活性化の拠点として

　第二に，地域との連携を通して学校を生涯学習の成果を生かす場とし，さらに地域活性化の拠点にまで発展させようとする期待の高まりが見られることである。

　学社融合は学校のスリム化に結びつくばかりでなく，社会教育や地域の活性化にも寄与するといわれる。データを示すまでもなく，生涯学習活動を行う者には学習成果をどこかで生かしたいという気持ちがある。従来の教科書型の授業ではそうした住民の意欲を確実に受けとめる場面が限られていたが，「総合的な学習の時間」においてはそれを生かせる多様な機会がある。国際理解，情報，環境，福祉・健康などの横断的・総合的な課題や，児童・生徒の興味・関心に基づく課題，そして地域や学校の実態に応じた課題などいずれの課題を取り上げる場合にも，住民の学習活動と結びつけることが可能である。

　具体的には，ゲストティーチャーやティーム・ティーチング要員として住民に講話や指導を依頼したり，生涯学習サークルと合同で学習活動を実施したり，さらに生涯学習実践者に学習のアイデアを求めたりするのである。これらの取り組みを通して地域の社会教育や生涯学習の活動が活性化され，さらに地域自

体の活力を高めることが期待される。その意味で,「総合的な学習の時間」は生涯学習や地域の活性化の起爆剤になる可能性を十分秘めている。

　むろん,この場合とは,住民の学習成果を無理に活用することを意味するわけではなく,学校の需要と地域からの供給がマッチしたときを想定してのことである。あるいは,住民の学習成果が「総合的な学習の時間」にアイデアを提供することも考えられる。しかし,現実には,地域住民の人材供給力を学校が把握していないことが少なくなかった。そこで,「総合的な学習の時間」の導入を機に,地域の生涯学習にかかわる力を活用し,児童・生徒の「生きる力」を確実にはぐくむことは,結果として地域の社会教育活動や生涯学習の推進に貢献することになるであろう。

(3) 地域連携の中軸に

　第三に,「総合的な学習の時間」を地域と協働しながら学びを創るための中軸に位置づけることである。

　学校は「総合的な学習の時間」の取り組みに際して,一方的に地域の協力を求めるだけでは,相互補完による連携の域を出ず,場合によっては地域を手足としてだけに用いることにもなりかねない。そうなると,学校は地域に奉仕させるだけの存在に終わり,次第に地域の協力姿勢を弱めてしまう結果を招きやすくなる。

　そこで,「総合的な学習の時間」では,保護者を含めた地域住民の持つ豊富なアイデアを組み入れ,計画段階から彼らとともに知恵を絞りつつ学習指導に臨む姿勢が大切になる。たとえば,前出の小千谷小学校は,様々な授業等において「学習参加」の取り組みを行っている。これは,保護者や地域住民が多様な形で授業に参加し,教師と一緒に授業をつくる学習形態だという。その学習過程は,住民にとっての学習の場ともなり,住民と児童・生徒の交流の場にもなるよう配慮すれば,住民自身が自己充足感を味わうことができ,学校への支援に積極的姿勢を持つようになるはずである。「総合的な学習の時間」は児童・生徒の学習の場と同時に,教師と住民とのワークショップの場に位置づけ

るには絶好の場になる。

　このように，「総合的な学習の時間」を軸にした地域との協働によって，地域に開かれた学校づくりをめざすことが重要な課題になると考えるのである。これらの関係を図示すると，図9のようになる。

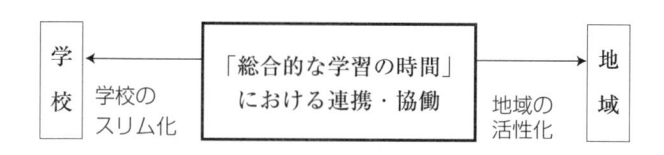

```
┌──┐         ┌─────────────┐         ┌──┐
│学│←──────→│「総合的な学習の時間」│←──────→│地│
│校│  学校の │ における連携・協働 │  地域の │域│
└──┘ スリム化└─────────────┘ 活性化 └──┘
```

図9　「総合的な学習の時間」における学社連携・協働の視点

✤シナジー

　シナジーとは，経営的な資源の共有や相互補完によって生じる相乗効果のことである。戦略的事業経営組織のまとまりを評価するためのコンセプトとされるもので，具体的には，①新事業に旧事業のシステムを活用する側面（販売シナジー），②生産部門を共通に利用する側面（生産シナジー），③シナジーによって費用を節約する側面（投資シナジー），④経営管理全体の関連性が生じるシナジーの側面（経営管理シナジー）などがある。

　学校経営においてもそれの各側面を応用させることが可能である。たとえば，事業を実践に，生産を教育活動に，投資を校費に，そして経営管理を学校経営に当てはめればよい。

3．体験学習をめぐる動向

【「総合的な学習の時間」と地域連携】

　新学習指導要領は，「総合的な学習の時間」において次のような体験的な学習や問題解決的な学習活動を重視している。
　　○自然体験
　　○ボランティア活動などの社会体験
　　○観察・実験

> ○見学や調査
> ○発表や討論
> ○ものづくりや生産活動

(1)「総合的な学習の時間」と体験活動

　現在,学校では体験学習がきわめて重視されているが,この傾向は「総合的な学習の時間」を中心にこれからもますます強くなることが予想される。

　「総合的な学習の時間」においては,体験学習・体験活動がかつてないほど重視される。新学習指導要領は,「総則」の「第3　総合的な学習の時間の取扱」の「5」で,「自然体験やボランティア活動などの社会体験,観察・実験,見学や調査,発表や討論,ものづくりや生産活動などの体験的な学習,問題解決的な学習を積極的に取り入れること」と記すのである。

　ところで,第15期中教審第一次答申は,「生きる力」をはぐくむために,「自然や社会の現実に触れる実際の体験が必要である」と指摘する。なぜなら,①「具体的な体験や事物とのかかわりをよりどころとして,感動したり,驚いたりしながら,『なぜ,どうして』と考えを深める中で,実際の生活や社会,自然の在り方を学んでいく」からであり,また,②「そこで得た知識や考え方を基に,実生活の様々な課題に取り組むことを通じて,自らを高め,よりよい生活を創り出していくことができる」からだという。そこには,社会事象に関する経験から学び,その学びを社会や生活に生かすという発想がある。

(2)　経験主義的教育思想と体験活動の重視

　この発想は,J.デューイの経験主義的教育思想の論点と重なる。デューイは,主著『学校と社会』の中で,「子どもが学校のそとで得る経験を学校そのものの内部でじゅうぶん,自由に利用すること」ができずに,「学校で学んでいることがらを,日常生活に応用することができない」状況を「教育の浪費」と呼んだ。彼はこの「浪費」を解消するために,社会とのかかわりにおける子どもの経験を重視し,「なすことによって学ぶ」意義を説いたのである。

そのデューイの思想は，大正期の新教育運動を促し，戦後直後には社会科を中心にした新カリキュラムに影響を及ぼした。しかし，昭和30年代に，その思想は「はい回る経験主義」という言い方で批判され，学力低下などの問題を浮かび上がらせた。その後，昭和40年代後半の「落ちこぼれ」問題を契機に再び注目され，そして今回の新学習指導要領においては体験学習重視の形で本格的な復活をみたのである。まさに，デューイの教育思想は今日の教育改革に再び体現されたといってよい。

それでは，現在，なぜ，あらためて体験学習が重視されるようになったのであろうか。

------ ✤ジョン・デューイ ------
デューイ（1859-1952）は，アメリカの著名な哲学者・教育学者。哲学上はプラグマティズムに属し，教育学では児童中心主義の立場をとり，その理論を検証するためにシカゴ大学に実験学校を開設するなど進歩主義教育運動をリードした。大正期に日本の新教育運動に強い影響を与え，戦後においてもその思想的影響は途絶えていない。主著に，実験学校の実践記録を基にした『学校と社会』があり，また自らの教育理論をまとめた『民主主義と教育』などがある。

(3) 体験学習が重視される背景

① 社会体験・自然体験の不足

まず，児童・生徒の体験不足という現状が指摘できる。

前記中教審答申は体験不足に関するデータを取り上げ，「1,000m以上の山に歩いて登ったこと」「木の実，野草，きのこなどをとって食べたこと」などの自然体験や「切れた電球をとりかえた」「カマやナタで物を切ったり，割ったりした」などの生活体験を持たない子どもが増えている実態を指摘する。

このように不足が指摘される体験には現代社会で淘汰された行為，すなわち昔日の体験が多いという事実も見逃せないが，実際に，科学技術等の発達に伴うコピー文化の進化と作業の代行化の進展，さらに学校における安全確保のための過保護化によって，子どもたちに直接体験の機会が失われてきたのも確か

である。そこで，今日の体験学習は児童・生徒の体験不足を補うという役割を強く求められ，また，第2章で述べたように，学習活動を補うという面からも重視されるようになったのである。

② 「内容知」から「方法知」への転換

「学校知」の中心が「内容知」から「方法知」へと転換しつつある状況も体験学習の重要性を増している。

学校に持ち込まれた社会の情報や知識は「学校知」と呼ばれるが，それは二つの形態に分けられる[3]。その一つである「内容知」は知識・技術の形態をとるもので，もう一つの形態である「方法知」はものごとを認識する方法や学び方に関するものである。従来の学校においては「内容知」が「学校知」の中核を占めていたが，情報が氾濫しつつある現在，その中核の座は「内容知」から「方法知」へと移ろうとしているのである。

「方法知」では，問題解決学習や体験学習が重視される。特に，体験学習は社会事象や自然環境に具体的かつ直接的に触れながら学習を深化させるところに特徴をもつ。その意味で，体験学習は，「方法知」の主要な形態の一つに位置づけられ，注目を浴びているのである。

③ 学校教育における地域主義的傾向

そして，地方分権化の流れの中で学校は地域に強く関心を持つようになり，そのための取り組みの一環として地域体験学習の導入に努めるようになった。

これまでの学校はどちらかというと国や教育委員会が定めた諸基準にしたがった画一的な教育活動を展開してきたが，現在に至っては，学習指導要領の弾力的運用が進み，地域の実態に応じた特色ある学校づくりが求められている。そうした背景のもとで，学校は地域社会との連携を図りながら児童・生徒の地域での体験学習を重視しているのである。

地域体験学習には伝統芸能，地場産業，地域ウオッチング，農業，環境保護などに関するものがあり，これらはすでに社会科や理科等の教科や特別活動で取り組まれている。だが，今後は「総合的な学習の時間」をはじめとした多くの領域でその取り組みの広がりと進展が期待される。

以上のような背景のもとで，学校教育法と社会教育法が改正され，体験活動が法的にも重視されるようになったのである。したがって，今後は，体験活動の充実は各学校の努力目標から必須目標へと変わっていくことになる。

> **✤学校教育法と社会教育法の改正**
>
> 　「総合的な学習の時間」に限らず，体験活動を重視しようとする傾向が強まっている。平成13年７月の法改正により，学校教育法第18条に以下の項が加えられ，体験活動が法に盛り込まれた。
>
> 　「小学校においては，前条各号に掲げる目標の達成に資するよう，教育指導を行うに当たり，児童の体験的な学習活動，とくにボランティア活動など社会奉仕体験活動，自然体験活動その他の体験活動の充実に努めるものとする。この場合において，社会教育関係団体及び関係機関との連携に十分配慮しなければならない」（中学校・高等学校準用）
>
> 　同時に，社会教育法が改正され，第５条の市町村教育委員会の事務の一つとして，次の項目（第12項）が加えられた。
>
> 　「青少年に対してボランティア活動など社会奉仕体験活動，自然体験活動その他体験活動の機会を提供する事業の実施及びその奨励に関すること」

(4) 体験学習の意義

　平成８年の中教審第一次答申は，「豊かな人間性」をはぐくむためにボランティア活動や体験活動が重視されるべきだとしている。この豊かな人間性とは，正義感や公正さ，他人を思いやる心，生命や人権を尊重する心，美しいものに感動する心などをそなえていることである。また，親子のきずなを深め，子どもたちが自ら学び，自ら考えるためにもそれらの活動が有効だとしている。

　体験活動はこのような意義を持つが，同時に，学習を深める点においてもその意義を有するといえよう。とくに，「総合的な学習の時間」においては，後者の意義に対する関心が強いといえよう。そこで，体験学習・体験活動の意義をまとめると，おおよそ以下のようになる[4]。

① 豊かな人間性の育成

　社会性・公共性を含む豊かな人間性などの情緒的資質は，机上の学習で習得されにくく，身体を用いた体験的な活動，特に奉仕的な要素を有するボランティア活動を通して習得されると考えられる。たとえば，規範意識は頭で教えられるよりも，集団生活における他人との関係づくりを通じて体得され，他人を思いやる心は他者の立場に触れてこそ培われるであろう。

② 方法知の取得と学習の深化

　現在，知識や技術そのものである内容知を重視する観点から，学び方や問題解決にかかわる資質である方法知を重視する方向へと転換してきている。むろん，「生きる力」は，内容知よりも方法知を重視する概念であり，それゆえにボランティア活動・体験活動を重くみるのである。つまり，実際の体験から子どもが「なぜだろうか」という「気づき」を持ち，このことが学び方の習得に有効に作用していくと考えられている。同時に，このことは学習の理解を深めることにつながり，知識・技術を定着させる上でも有効になる。

　そうした意味で体験活動は進路指導等においてもその成果が期待されている。

③ 子どもの人間関係の拡大と多様化の促進

　少子化に伴い，子どもたちの人間関係が狭まり，同質化しつつある。そこで，ボランティア活動・体験によって，子どもたちが他者と触れ合い，親や近隣住民とのきずなを深めることが期待されている。ボランティア活動や体験活動は，一つの目標に向けてお互いが協力し合い，苦楽を共にするところに特色がある。この特色を生かして子どもたちに新たな人間関係をつくらせ，そのきずなを深めさせることが大切になる。

4．「総合的な学習の時間」における体験学習の実践的課題

【取り組みのポイント】
（1）子どもの実態に配慮した体験の質的・量的補足に努める
（2）学習への発展化と学びの深化を促す工夫を図る

(3) 不可能体験への指導的対応に配慮する
(4) 地域資源の積極的活用を図る
(5) ボランティア活動など子どもの自主的な活動を促進する

　体験学習の意義を以上のようにとらえた場合，それを最も効果的に発揮させるためには，どのような実践上の課題が考えられるだろうか。

(1) 子どもの実態に配慮した体験の質的・量的補足

　まず，単に体験の量を増やすだけではなく，その質的側面にも配慮する必要がある。

　体験不足を補うために学校で体験学習の機会をただ多く与えればよいという訳ではない。児童・生徒の実態を把握し，どのような内容や方法の体験が必要であり，それをどう実施するかという質的側面への配慮も考慮されねばならない。たとえば，都会の子どもに農業体験が必要だとすれば，農山村の児童・生徒には都市生活の体験も重要な意味を持ってくるのである。

(2) 学習への発展化と学びの深化を促す工夫

　体験を単なる経験に終わらせずに，学習に結びつけるような工夫が大切である。

　たとえば，ボランティア活動の機会をただ設けるだけでは，単に労役を課すにとどまる。教師はその体験から何をどう学ばせるかという視点を持つべきである。つまり，児童・生徒が具体的な認識から抽象的な認識へと高めることができるよう支援するのである。抽象的な認識に至らない体験学習とは，まさに「はい回る」だけの行為に過ぎないからである。

(3) 不可能体験への指導的対応

　児童・生徒が体験不可能な内容をどう指導していくかという視点も忘れてはならない。

顕微鏡で視える世界に入り込むミクロ体験や歴史を遡る体験はできず，法で禁じられている体験や児童・生徒にとって危険な体験は取り上げることができない。体験学習の限界である。

しかし，われわれは体験できないことも理解することが重要である。そのためには，興味や好奇心，想像力，類推力が不可欠になる。これらの資質は他の多様な体験を通してこそ最もはぐくまれるものである。

そう考えると，体験学習は，体験内容に関する学びを深めるだけにとどまらず，児童・生徒に興味や好奇心などの科学する力の基礎を培うものにならなくてはならない。

(4) 地域資源の積極的活用

「総合的な学習の時間」において地域の人材や環境，施設などの資源を活用する場合，①学校の中に地域資源を取り込む方法，②地域にある教育利用可能な場面に赴く方法，③学校と地域関係者で新たな学習活動を創り上げる方法がある。①の例には，学校支援ボランティア等の活用がある。②の場合は，地域の公民館を見学したり，自然環境を観察させる実践が該当する。③については，保護者や地域住民が指導案作成段階から参画しながら学習計画を立案し，指導補助も担当するタイプの実践などが当てはまる。

実際には，これら複数の方法の併用によって実践が取り組まれている。たとえば，神奈川県横浜市立新鶴見小学校のスクールパートナー（＝学校支援ボランティア）とつくる「総合的な学習の時間」では，事前にスクールパートナーに意見を聞いたり，入念な打ち合わせを行った上で，彼らに講師として指導を依頼し，また地域の老人福祉施設などへの見学を取り入れている。とりたてて珍しい実践ではないが，地域ボランティアに「スクールパートナー」という名称を付して，彼らが活動しやすいような配慮がなされているところが評価されてよい。ほかに，「学習アシスタント」「学習パートナー」などの事例が見られる。ともあれ，こうした配慮は地域の人材を活用するときに必要な事柄の一つになろう。

（5） ボランティア活動など子どもの自主的な活動の促進

　体験活動においては，児童・生徒が活動から何かを学習するだけでなく，活動を通して自主的な活動ができるような姿勢をはぐくむことが大切である。つまり，特定の内容を習得するにとどまらず，ボランティア活動などに積極的に参加するような意欲や態度を児童・生徒に身につけさせることも体験学習の重要な目的の一つになるのである。とくに，「総合的な学習の時間」では多様な体験活動が導入されているが，ここでの学習活動をきっかけに，ボランティアとして休日や放課後にも自ら進んで地域や他者に貢献していくよう促すことが課題になる。

　以上のように，「総合的な学習の時間」においては体験学習を積極的に取り入れることが大切である。この体験活動を，単なる活動に終わらせず，学習にまで高めることが教師の役割になる。したがって，体験活動を生かすも殺すも教師の腕次第である。その意味で，教師自身が多様な体験を積んでおきたい。

〔註〕
1） 鹿沼市教育委員会ほか『子どもを育てる方向の共有化と活動の協働化』vol.3，生涯学習課，1999年，p.65，および福岡県教育委員会『平成11年度 いきいきスクールふくおか 事業報告書』生涯学習課，2000年，p.115
2） 中留武昭「学校改善の核としての総合的な学習①」『学校経営』第一法規，1999年８月号，pp.52-53
3） 河野重男・児島邦宏編『学校パラダイムの転換』ぎょうせい，1998年，pp.93-94
4） 佐藤晴雄「『生きる力』をはぐくむ体験学習」『教員養成セミナー』第24巻第３号，時事通信社，2001年11月号，pp.18-20

●参考文献
宮原修編『地域の人材・環境を活かす』ぎょうせい，2000年
児島邦宏・天笠茂編『2010年の学校を探る』ぎょうせい，2001年
佐藤晴雄編『地域社会・家庭と結ぶ学校経営』東洋館出版社，1999年
佐藤晴雄「学社連携における子どもの『学び』の変容と意義」日本社会教育学会編『日本社会教育学会年報第46集──子ども・若者と社会教育』東洋館出版社，2002年
玉井康之『地域に学ぶ「総合的学習」』東洋館出版社，2000年

4章　学校支援ボランティアを生かした学校づくり

地域人材を介した学校と地域の連携

1．ボランティアとは何か

【定義】
　ボランティア活動とは，自発的意志に基づいて公共的な目的のために行われる無償による様々な活動のことをいう。今日は，その活動が社会の発展や開発を積極的にリードしていくものであると認識されるようになった。現在，全くの無償とはいえない有償ボランティアも存在しているが，その場合も交通費等の実費弁償に限定されるのが望ましい。
　ボランティアのうち，学校の教育指導や環境整備を支援する人たちを学校支援ボランティアと呼んでいる。

（1）ボランティアの原則

　それでは現在，どのような活動をボランティア活動と呼んでいるのだろうか。ボランティア活動には以下のような4原則があるとされる。

　① 自発性の原則

　まず，自発性の原則である。これは，公共機関や他人から強制されるのではなく，自発的意志に基づいて行われるものだという考え方である。これは，ボランティアの語源から見れば，最も基本的な原則だといえよう。

　② 公共性の原則

　第二の原則は，その活動が特定の人たちの単なる私益につながるものではな

く，社会や公共の福祉に役立つべきだという公共性の原則である。企業や顧客あるいは自らの所属組織の利益になる奉仕的行為は単なる無償行為であって，ボランティア活動とはいえない。ボランティア活動は社会の課題解決や発展につながることが大切である。

③ 無償性の原則

第三の原則とは，活動の見返りとして金銭的報酬など物的利益を期待すべきでないという無償性の原則である。ボランティアにとってなによりの喜びは，自己の充実感を味わうことにある。しかしながら，昨今では，交通費や食費などの実費程度の金銭をもらうことは，この原則に反するものではないとする考え方もみられる。

④ 先駆性の原則

さらに，福祉や教育に関する国の審議会等の諸答申には，これら3原則に先駆性（開発性，発展性）の原則を加えるようになった。先駆性とは，活動が画一的に取り組まれるだけではなく，社会の発展や開発をリードするものであることをいう。

(2) ボランティアの定義

平成4年の生涯学習審議会答申「今後の社会の動向に対応した生涯学習の振興方策について」はその4原則を基本的理念に置くのが一般的だという。このように考えれば，ボランティア活動とは，自ら進んで地域社会や公共の福祉のために，自己の利益を求めずに技能や労力，時間を提供する活動であり，ひいては社会の発展を促すことをめざすものだといえよう。むろん，学校支援ボランティアも，まさにその意味において理解される必要がある。

2．今，なぜ学校支援ボランティアか

【背景】
(1) 開かれた学校づくりによる学校の社会化
(2) 質的・量的な学校教育の限界の自覚
(3) 学校知の転換に伴う地域体験学習等の重視傾向
(4) 住民の生きがいや自己実現を求める気運の高まり
(5) 地域コミュニティ形成の拠点としての学校への関心の高まり

(1) 学校支援ボランティアの誕生

　これまでのわが国においては福祉ボランティアをはじめ，青少年の問題行動対策にかかわるボランティアなど社会救済型のボランティアが主流を占めていた。各地の社会福祉協議会はボランティアバンク（前身は慈善銀行と呼ばれた）を設け，福祉ボランティアの活動を支援し，また，保護司や青少年対策委員などの青少年対策関係の委員は地域ボランティアとして青少年の健全な育成に従事してきている。

　その後，昭和50年代半ば頃から，生涯学習の分野でもボランティア活動が現れ，ボランティア自身がやりがいを求めるタイプの自己実現型ボランティアも顕在化してくる。むろん，それ以前には，生涯学習にかかわるボランティアも存在していたであろうが，「（生涯）学習ボランティア」として認識されている訳ではなかった。生涯学習ボランティアは，無償でサークルの講師を担当したり，学習事業を側面から支援する役割を担うものであり，今日，各地でその養成と活動支援が図られている。

　平成7年の阪神・淡路大震災を契機にボランティア活動は各世代と多様な分野に拡大し，一般化するようになった。そうしたボランティア活動の広がりの中で，学校にもボランティアの活用を図ろうとする気運が芽生えた。平成8年7月に公表された第15期中教審第一次答申は，「開かれた学校」づくりを進め

るためには，学校が地域の教育力を生かし，家庭や地域社会の支援を積極的に受けるべきだと述べ，その具体的方法の一つとして「学校ボランティア」としての協力を得るよう提言した。ここでは，「学校ボランティア」という言い方がなされているが，その翌年策定された文部省（当時）の「教育改革プログラム」（平成9年1月策定）では，「学校支援ボランティア」と表記されている。

(2) 学校支援ボランティアの定義

「教育改革プログラム」は，「社会人や地域社会人材の学校への活用」の項目の中に「学校支援ボランティアの活動推進」とする具体的項目を設け，以下のような施策の方向を述べている。

> 学校の教育活動について地域の教育力を生かすため，保護者，地域人材や団体，企業等がボランティアとして学校をサポートする活動（学校支援ボランティア活動）を推進する。

この時点から「学校ボランティア」は，「支援」という2文字を加えて「学校支援ボランティア」と正式に呼ばれるようになり，以後次第に全国の教育委員会や学校に浸透していったのである。

(3) 学校支援ボランティア誕生の背景

それでは，現在，なぜ学校支援ボランティアが注目され，その活用が重視されるようになったのか。様々な角度からその背景を探ってみよう。

① 開かれた学校づくりによる学校の社会化

新学習指導要領は，総則において，「開かれた学校づくり」を進めるために，家庭や地域の人々の協力を得ることを求めている。前記の中教審答申も指摘しているように，従来の学校には閉鎖的姿勢があることから，これからは学校を家庭や地域に開き，それらと積極的に連携・協力を図ることが大切だといわれる。簡潔に言えば，学校と家庭・地域社会との風通しをよくし，学校を社会化

することが重視されているのである。
　この背景のもとで，学校は外部の人材である学校支援ボランティアの協力を求めることが課題になっているのである。つまり，学校支援ボランティアの導入は開かれた学校づくりの一つの方法になるわけである。
　② 質的・量的な学校教育の限界の自覚
　少子高齢化や高度情報化，国際化のいわゆる「3化」が進展する現在，学校教育は質的にも量的にも，もはや自らの限界に達しつつある。すなわち，少子高齢化による学校の小規模化は教職員の絶対配置数を減少させるため，少数の教職員集団だけでは多様化する教育課題への対応を困難にする可能性がある。また，情報化や国際化は新たな教育内容の指導を迫るため，従来の教員だけでの指導では完結しにくくなった。
　そこで，教員数の減少を量的に補い，また新課題の登場に伴う質的限界に対応するため，学校支援ボランティアを受け入れる必要性がでてきたのである。たとえば，学校図書館ボランティアは量的限界を補足し，地域講師などは質的限界を補うものである。
　③ 学校知の転換に伴う地域体験学習等の重視傾向
　学校の文化に入ってくる情報や知識は「学校知」と呼ばれ，これは「内容知」と「方法知」からなる概念とされる[1]。「内容知」とは知識や技術の形をとるもので，一方の「方法知」とはものごとを認識する方法や学び方に関するものである。これまで「内容知」が「学校知」の中核をなしていたが，知識偏重教育が批判されるようになった今日，「内容知」はその中核の座を「方法知」に譲ろうとしている。
　そうなると，「方法知」に位置づく問題解決的な学習や体験的な学習が重視され，教育課程におけるそれらの学習の比重が高まるようになる。特に，地域の素材を活用した問題解決学習や地域の体験学習の導入が活発になり，これに伴ってその学習を支援する外部人材が必要になる。たとえば，地域の職業体験や地域ウオッチングを指導する人材，科学的問題解決の実際を指導する民間技術者，地域の歴史や文化を具体的に指導できる人材など，ボランティアの導入

が求められてくる。

④　住民の生きがいや自己実現を求める気運の高まり

以上は，学校にかかわる背景であったが，ボランティア自身も活動を通してやりがいや自己実現の場を学校に求めようとする意識が現れるようになった。ボランティア元年と呼ばれた平成7年以降ボランティア活動が広く社会に普及してきた状況の中で，最も身近な公共施設である学校は，だれもが気軽に参加できるボランティア活動の場だという認識が生まれた。そこでは，学校での子どもとの触れ合いやその笑顔に生きがいや手応えを感じることができるのである。

生涯学習の成果を生かしたいと望む人や自分の人生経験や職業を伝えたいと考える人，子どもの健全な成長のために自分にできることをしたいと願う人などの気持ちを生かせるのが学校支援ボランティア活動なのである。

⑤　地域コミュニティ形成の拠点としての学校への関心の高まり

伝統的に，学校は地域コミュニティづくりの拠点だと認識されてきた。地域づくりが一層重視される現在，地域や保護者が学校に集い，その教育活動を支援することを通して通学区域を一つのコミュニティとしてとらえ，その活性化が図られた事例は珍しくない。

学校支援ボランティアはボランティアの自己実現に資するにとどまらず，結果として，地域コミュニティの活性化を促す契機として機能する大きな可能性を持っている。それゆえに学校支援ボランティアに対する期待が高まっているのである。

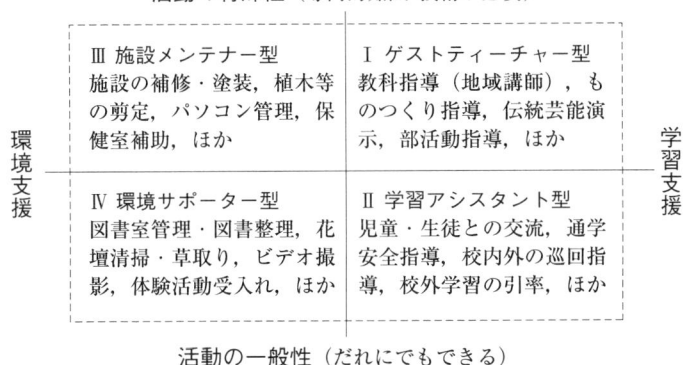

3. 学校支援ボランティアのタイプ

【ボランティアの4タイプ】
(1) ゲストティーチャー型＝学習支援（専門的）
(2) 学習アシスタント型＝学習支援（一般的）
(3) 施設メンテナー型＝環境支援（専門的）
(4) 環境サポーター型＝環境支援（一般的）

　一般的に，学校支援ボランティアは，学習支援を目的とするものと環境支援を目的とするものに分けられる。また，活動に伴い技術や専門的知識を要するものとそうでないものにも分けられる。この二つの視点をクロスさせて，学校支援ボランティアを類型化したのが図10である。この図にある各タイプはおおよそ以下のような役割を果たしている。

活動の特殊性（専門的知識・技術が必要）

環境支援	Ⅲ 施設メンテナー型 施設の補修・塗装，植木等の剪定，パソコン管理，保健室補助，ほか	Ⅰ ゲストティーチャー型 教科指導（地域講師），ものつくり指導，伝統芸能演示，部活動指導，ほか	学習支援
	Ⅳ 環境サポーター型 図書室管理・図書整理，花壇清掃・草取り，ビデオ撮影，体験活動受入れ，ほか	Ⅱ 学習アシスタント型 児童・生徒との交流，通学安全指導，校内外の巡回指導，校外学習の引率，ほか	

活動の一般性（だれにでもできる）

図10　学校支援ボランティアの4タイプ

(1) ゲストティーチャー型

　学習支援を目的に，児童・生徒の学習活動を直接指導するタイプである。授

業の一部で講話や技術指導を担当するので，従来はゲストティーチャー，ワンポイント講師，地域講師，社会人講師などと呼ばれていたものである。たとえば，教科学習における戦争体験や職業生活に関する講話，英会話指導，楽器演奏，伝統工芸やパソコンの指導，部活動における指導などを行うので，だれにでもできるというものではない。学校支援ボランティアが普及する以前から各学校でこれらゲストティーチャー等の活用が図られていたが，現在は学校支援ボランティアの一タイプに位置づけられる例が多い。なお，このタイプの活用は教科指導については小学校で，部活動については中学校で積極的であり，高校ではあまり活発ではないという傾向が指摘できる。

(2) 学習アシスタント型

　学習支援を目的とするが，学習指導に直接かかわるのではなく，教師等の指導を側面から援助するタイプである。たとえば，児童・生徒との交流・遊び，交通整理などの通学安全指導，学校内外のパトロール，公園利用や公共施設見学などの校外学習時の引率補助などの仕事を担っている。これまで，ＰＴＡ役員などがこれらの役割を果たす例が多かったが，現在は保護者以外の地域住民をボランティアとして活用する学校も増えてきている。

(3) 施設メンテナー型

　学校環境整備などの支援のために，専門性を発揮しながら施設・設備の維持・管理を担うタイプである。また一部の学校の例に限られるが，校舎や飼育小屋などの補修・塗装，壁の張り替え，玄関前の植木などの剪定，パソコン室の維持・管理などのボランティアを募集している学校が見られる。秋田県本荘市では，保健室補助にもボランティアを募っている。いずれも専門業者に発注するまでもない仕事を，ある程度の専門的な知識・技術を持つボランティアがこなしているのである。事例編 (p.162) で紹介した高松市立三渓小学校のビオトープは，建築や土木の専門家である地域ボランティアが造ったものである。

(4) 環境サポーター型

　これも環境支援を目的とするが、だれにでもできるタイプである。このタイプは、図書室の蔵書管理と貸出業務、図書の整理、花壇整理や草取り、校舎の窓拭き、校内清掃、児童・生徒の文集製本、学校行事でのビデオや写真の撮影、体験活動の受け入れなどを担当している。ユニークな実例をあげると、宮城県角田市立角田小学校では、スクールボランティアに集金事務補助、給食運搬作業補助なども求めている。

　わが国の場合、このうちゲストティーチャー型は「学校支援ボランティア」という概念の登場する前から取り組まれてきたが、最近は、環境支援ボランティアの活躍も目立ってきた。つまり、指導的場面から徐々に周辺的業務の支援へとその活動範囲を拡大させてきたのである。

4．学校支援ボランティアの活用法

```
【活用のための工夫】
(1) PDSのP段階からの参画を促す
(2) 児童・生徒に対する事前指導に努める
(3) 教師はボランティアのフォローにまわる
(4) 事後の学習評価を適切に行う
(5) ボランティアに対するお礼を忘れない
(6) 人材バンク・リストを活用し、オリジナルバンクを充実させる
```

　各学校において学校支援ボランティアを活用する場合、どのような手順をとればよいのか。特に決まった手順はないが、ゲストティーチャー型の場合は、おおよそ表1のような手順で取り組まれている[2]。

表1　学校支援ボランティアの活用手順

	具体的手順	留意事項
計画・準備段階	①学級・学年単位または委員会による指導計画の検討・作成 ②地域人材の活用を要する単元の決定 ③人材の活用可能性の検討 ④活用可能なバンクの把握 ⑤バンク活用による適切な資源の調査 ⑥活用候補となった資源の吟味と決定 ⑦校長の承認と資源へのアプローチ ⑧ボランティアに対する指導の趣旨説明 ⑨文書依頼文の送付 ⑩生徒に対する事前指導の実施	・地域資源活用委員会等の設置も必要。独力で考えるよりも組織で検討していく。 ・指導者としてか，補助者としてか，あるいは教材提供者としてか，活用の仕方を工夫する。 ・他の教職員や管理職の助言を得る。 ・様々なバンクの存在を確認しておこう。 ・多様な方法を駆使し，施設・住民にも相談する。 ・必要があればバンク運営者や活用実績校への問い合わせも。また校長等の助言を得る。環境資源については安全性やトイレの有無も確認のこと。 ・協力可否の打診。謝礼の有無・金額を確認，打ち合わせ。備品の使用の有無を確認しておく。 ・必ず校長名の文書で依頼する。 ・生徒には外部人材・環境から効果的に学べるよう十分動機づけを図っておく。また，この時期に，講師等に直前の確認連絡を電話で行う。
実施段階	⑪接待と当日打ち合わせ ⑫指導の実施 ⑬担当教員と管理職による所感と御礼	・接待には管理職も対応。有償の場合には謝礼支払い ・講師依頼の場合には担当教員等や管理職が立ち合う ・この時，講師等から学習の様子などを聞いておく
事後評価段階	⑭学習状況と資源活用の評価を実施 ⑮ボランティアへの礼状送付 ⑯自作（学校）バンクへの情報登録	・必要なら生徒のアンケートも実施 ・児童・生徒の感想等も添付する。また必要な場合には，バンク運営者に報告書を提出。 ・活用の評価等も記すなど今後の活用に備える。

（1）　PDSのP段階からの参画を促す

　この手順はPDSに沿った典型的な例であり，したがって，各学校の実情に応じてこれにアレンジを加えることが望ましい。その場合，D（実施）段階だけでなく，あくまでもP（計画・準備）段階からボランティアの参画を求めることが大切である。たとえば，地域の専門的な知識・技術を持ったボランティアと共同で学習活動の計画立案や活動展開，評価を行うような取り組みが見られる。

(2) 児童・生徒に対する事前指導に努める

　このとき，生徒への事前指導を怠ってはならない。事前指導を怠ると，ボランティアを受け入れた当日，児童・生徒が見知らぬ第三者の参入に戸惑いを見せたり不安を感じるからである。したがって，どこのだれが，何をどう指導してくれるのかを事前に指導し，児童・生徒が習得すべき事柄を示して，児童・生徒に気持ちのウォーミングアップを図ることが望ましい。

(3) 教師はボランティアのフォローにまわる

　D（実施）段階で留意すべきは，学校支援ボランティアに指導を一任しないことである。ある教室では，ゲストティーチャーに指導を任せて，担任が教員室に引きこもってしまう姿が見られた。これでは教師としての役割放棄と同じことである。ゲストティーチャーの指導中，教師はその環境づくりや補助を努めるべきであって，決して授業を一任してはならない。授業は教師の責任で展開されるものであり，教師は児童・生徒の学習評価者であることを常に自覚する必要がある。

(4) 事後の学習評価を適切に行う

　S（事後評価）段階では，活動結果の評価を必ず実施する。学校支援ボランティアの指導によって何がどう得られたかを把握してこそ，その活用が意義づけられるからである。よくある例は，ボランティアの協力を得た結果，「子どもたちが生き生きと学習できた」「地域とのきずながきた」などと抽象的な評価を行うことである。これでは，単なる印象以外の何ものでもなく，評価とはいえない。客観的かつ具体的な評価項目などを設定し，冷静にボランティアによる活動を評価することが大切である。

(5) ボランティアに対するお礼を忘れない

　ボランティアへのお礼を忘れないことである。ボランティアは金銭目的では

なく，善意で学校に協力してくれるのであるから，当然，学校は彼らになんらかの形で謝意を表さなければならない。その場合のお礼はなにも現金に限らず，様々な方法で行われてよい。学校が恒常的に地域社会と連携できるか否かはお礼を含めた学校の事後対応のあり方にかかっている。

(6) 人材バンク・リストを活用し，オリジナルバンクを充実させる

そして，既存の人材・環境バンクを積極的に利用するとともに，教師自身が地域に赴いて諸資源の発掘に努めるよう心がけたい。その際，各教師が有する人材情報を教員間で共有しながら，発掘・活用した資源をもとに自校でオリジナルのバンク（リスト）を作成し，その活用の定着を図ることが肝要である。それら地域資源は学校にとって貴重な財産になるはずである。

5．学校支援ボランティアの課題

【取り組みのポイント】
- (1) 学校のスリム化への発展に努める
- (2) 協働者としての活用を図る
- (3) 人材バンクの工夫とボランティア養成・研修に配慮する
- (4) ボランティアへの謝礼と保険を検討する
- (5) コーディネーターの養成と導入を図る
---

(1) 学校のスリム化への発展

学校支援ボランティアの活動領域の拡大は望ましいことであるが，その導入によって「学校のスリム化」をどう図るかが一つの課題になる。「学校のスリム化」とは，教職員の業務のうち周辺業務を軽減させることによってコア（教育指導）の比重を高めることととらえるならば，環境支援領域にもボランティアを積極的に導入するよう努める。

ボランティアの導入・活用当初はそのことによって学校のスリム化が図られ

たと自覚されにくいが，その導入が軌道に乗り，定着していけば，次第にスリム化の効果が顕在化することが十分予想されるし，実際にその成果をあげた例もある。栃木県鹿沼市では，学社融合事業に学校支援ボランティアを積極的に導入しているが，そこでは学校のスリム化が図られたという[3]（事例編, p.174参照）。これは学社融合の地道な取り組みの成果である。

また，後述するボランティア・コーディネーターの配置は学校のスリム化を実現するための一つのアイデアにもなる。

（2）協働者としての活用

学校支援ボランティアを活用する場合，学校は彼らを単なる下請けにせず，それとの互酬的な関係を築く必要がある。たとえば，ボランティアに対して学校の機能や施設を提供することが考えられる。また，環境支援を目的としたボランティアがやりがいを実感できるように，彼らを学校行事などに招待して児童・生徒と触れ合う機会を提供することも考えられてよい。

少なくとも，なぜボランティアが協力してくれるのかをあらためて吟味することが大切である。その理由には，子どもたちと接したいから，生涯学習の成果を生かしたいから，子どもの教育にかかわることによって地域に貢献したいからなど様々な場合が考えられる。学校はそうしたボランティアの期待に応えるような姿勢を持ち続けたいものである。そうした，多様な領域における学校支援ボランティアの導入によって，学校教育を含めた地域生涯学習の活性化が図られることを大いに期待したい。

（3）人材バンクの工夫とボランティア養成・研修

現在，ボランティアなどの人材とボランティア養成・研修をリスト化やバンク化する動きが著しい。保護者や地域住民にボランティアの募集チラシを配布したり，「学校だより」に募集記事を掲載するなどして，意欲的に人材情報を収集している。しかし，多くの登録者からは，バンクやリストに登録しても一向に依頼がないという声が聞かれる。このことは生涯学習ボランティアなどに

も見られる傾向である。ボランティアの人格や技能などが十分理解されていないから活用に至らないのである。

そこで今後は，人材バンクやリストをどう活用していくかが課題になるが，その一つのヒントをあげると，神奈川県横浜市保土ヶ谷区生涯学習支援センターが実施している人材バンク「街の学習応援隊」の試みが参考になる。そこでは，ボランティアの存在と資質・技能の周知を図るために，デモンストレーションとして「一日講座」を開催している。この「一日講座」は，バンク登録者を講師とするもので，一般住民の学習の機会となるにとどまらず，登録ボランティアを実際に関係者に紹介し，その資質・能力を理解してもらう機会にもなっている。バンクやリストの活用を図るためには，このような工夫を各学校にも求めたい。

同時に，バンクやリストの活用を促すためには，登録前にボランティア希望者に対して研修を行い，ボランティアを養成しておくことが大切になる。つまり，だれでも希望者を登録させるだけではバンク等への信頼を高めることが難しいからである。神奈川県藤沢市が開始した藤沢市生涯学習大学（事例編，p.158参照）は，部活動指導者や学校図書室ボランティアなどを養成するコースを設けている。このような取り組みもボランティアバンク等の活用を促すひとつの工夫だと言えよう。

(4) ボランティアへの謝礼と保険の検討

ボランティア活用の最大のネックになるのが謝礼の問題である。学校予算は限られているので，ボランティアに対して十分な謝礼が支払えないという声をよく聞く。神奈川県立総合教育センターの調査によると，謝金や図書券などを支払っている学校は42％で，支払っていない学校は47％である[4]。おおよそ半数の学校は無償でボランティアを活用している実態がわかる。

一般的に，有償措置がとられる場合には，交通実費として１回当たり平均2,000円程度支払われている。しかし，多くは無償でボランティアに活動を依頼し，そのお礼として児童・生徒の手紙や作品を贈呈しているようである。神奈

川県逗子市立沼間中学校では、ボランティアの指導で生徒が焼いた竹炭を他のボランティアに贈呈して喜ばれているという。謝金にこだわらず、こうした一工夫に努める方が望ましい。

また、謝礼は支払わず、損害賠償保険費用を予算化する学校や教育委員会も見られる。つまり、指導などの活動中に児童・生徒に傷害が起きた場合、ボランティアに対する損害賠償を保険によって担保するのである。前出の神奈川県立総合教育センターの調査によると、保険に加入している学校は34％と、決して十分な状態とはいえない。謝金よりも、この保険制度への加入が喫緊の課題になるものと思われる。

(5) コーディネーターの養成と導入

学校とボランティアとを結ぶ役割を果たすのがボランティア・コーディネーターである。

たとえば、新潟県上越市立大手町小学校には保護者・住民からなるコーディネーターが配され、学校とボランティアとの間で調整的な役割を果たしている。千葉県木更津市では、各学校に馴染みのあるコーディネーターが関係会議に出席して、学校支援ボランティアを紹介するとともに、これまでの活動報告とこれからの活動計画を説明し、さらにボランティアや学校側からの相談に乗ったり、ボランティアの発掘などの役割を担っている。

学校が直接ボランティアに依頼するのも悪くはないが、コーディネーターを介しておけば、地域の主体性を尊重し、その活性化を促すばかりでなく、学校と地域の関係が安定するため、結果として学校のスリム化にもつながりやすい。また、学校支援ボランティアの導入に際して、打ち合わせ時間の確保が問題になることも少なくないが、その打ち合わせでコーディネーターが主要な役割を果たしているところでは、学校側の負担は軽減するようになったといわれる。その意味でも、コーディネーターの配置は学校のスリム化を促してくれるのである。

コーディネーターの養成と導入は、学校支援ボランティアをめぐる今後の重

要な課題になる。

〈参考資料〉

以下の心得は，神奈川県立教育センター（現総合教育センター）が平成13年度に実施した研修に参加した教師グループが作成したものである。学校支援ボランティアを行う者と受け入れる者の双方にとって参考になるであろう。

■ 学校支援ボランティアの心得10ヶ条
①明るくさわやかに
②言葉遣いはていねいに
③意欲と熱意を持って子どもに接する
④人として子どもたちの手本となる行動を
⑤生徒の顔をよく見よう
⑥毎日がドラマ，くじけない，おごらない
⑦批判的な言動はつつしんで
⑧華美な服装等は避ける
⑨児童・生徒の前での無用な飲食は避ける
⑩学校の情報をみだりにもらさない

■ 先生の心得7ヶ条
①学校に気持ちよく入れる環境や雰囲気をつくる
②児童・生徒を公平にみつめて指導する
③みんなで教育をしていこう
④教師が学ぶ姿勢を持つ
⑤ボランティア支援者に感謝の気持ちを持とう
⑥ボランティアの方に対し敬意をはらった態度で接する
⑦積極的にボランティア活用を図ろう

4章
学校支援ボランティアを生かした学校づくり

✤「ボランティア」の語源[5]

　ボランティアという言葉は日本語に訳しにくい英語の一つである。篤志家，有志，志願兵などと邦訳されることもあるが，今日ではそのまま「ボランティア」という言い方を用いている。

　もともとこの言葉は，17世紀イギリスのピューリタン革命期に，混乱した町を住民自身の手で守ろうとする「自警団」の参加者や大英帝国軍に自発的に志願する兵を指したといわれる。つまり，自発性・任意性という意味合いが強かったのである。その後，社会改良運動であるセツルメント運動に自発的に加わる人たちをボランティアと呼ぶようになるなどその意味が拡大し，以後，生活協同組合，労働運動，YMCA・YWCAなどの諸運動と連動しながら，「民間救済型」という形で発展してきた。

　このように，国家的な公権力の支配・統制的影響関係から一定程度離れて，特定の公共的目的のために民間サイドから取り組んでいこうとする精神をボランタリズムと呼ぶ。イギリスのボランタリー・スクールが，ボランティア養成の学校ではなく，教会をはじめとする非政府機関によって運営されている私営学校を指すのもこの意味においてである。しかし，今日では，保護司や青少年育成委員などのように，行政機関に無償ないしは少額の報酬を得て特定の任務を遂行する委嘱ボランティアも見られる。

〔註〕
1) 河野重男・児島邦宏編『学校パラダイムの転換』ぎょうせい，1998年，pp.93-94
2) 佐藤晴雄「地域の人材・環境バンクを生かす」宮原修編『地域の人材・環境を生かす』ぎょうせい，2000年，p.104
3) 鹿沼市教育委員会編『学校をつくる，地域をつくる——鹿沼発・学社融合のすすめ』草土文化，2000年，pp.71-80
4) 神奈川県立教育センター（現県立総合教育センター）編『学校支援ボランティア調査研究報告書』同カリキュラム開発センター，2002年
5) 佐藤晴雄「ボランティア活動Q＆A」渡部邦雄・山田忠行編『中学校ボランティア活動事例集』教育出版，1996年，pp.144-145

●参考文献
全国学校支援ボランティア・サミット in 木更津2001実行委員会編『木更津の学校支援ボランティア——伝えたい生きる喜び　感じたい心の絆——全国学校支援ボランティア・サミット in 木更津2001記念誌』木更津市教育委員会学校教育課，2001年

佐藤晴雄「学校支援ボランティアを生かす学校」『教育展望』第47巻第4号，教育調査研究所，2001年5月，pp.38-47

福岡県教育委員会『平成11年度 いきいきスクールふくおか 事業報告書――福岡県の学社連携・融合』教育企画部生涯学習課，2000年

新潟県社会教育協会「学校支援ボランティアに関するニーズ調査のまとめ・概要」同社会教育協会『にいがた社会教育』第317号および第318号，2000年

市川市コミュニティスクール推進会議編『地域ぐるみの教育を――コミュニティスクール推進の記録20』同推進会議（事務局：市川市教育委員会），1999年

5章　学校評議員制度と地域・家庭の学校参画

学校評議員が結ぶ学校と地域のきずな

1．学校評議員制度とは何か

【定義】

　学校評議員は，設置者の定めるところにより学校に置かれ，校長の求めに応じ，学校運営に関し意見を述べることができるものである。それは，当該学校の職員以外の者で教育に関する理解および識見を有するもののうちから，校長の推薦により，当該学校の設置者が委嘱する。

　平成10年の中央教育審議会答申に基づくもので，学校教育法施行規則改正により平成12年4月1日から設置できるようになった。なお，学校協議会等の類似制度が設置されている場合には，あらためて学校評議員を設置する必要はない。

（1）　学校評議員制度の誕生

　平成10年9月に公表された中教審答申「今後の地方教育行政の在り方について」は，「学校の自主性・自律性」の確立を図るために，「地域住民の学校運営への参画」を促す視点として，「学校外の有識者等の参加を得て，校長が行う学校運営に関し幅広く意見を聞き，必要に応じて助言を求めるため，地域の実情に応じて学校評議員を設ける」よう提言した。

　同答申は学校評議員に関して，「学校に，設置者の定めるところにより，学校評議員を置くことがきる」とした。そして，同答申の後に，平成12年1月の学校教育法施行規則の改正によって学校評議員は制度化され，同年4月からス

タートした。同規則第23の3では，学校評議員について以下のよう定めている。

> 一　小学校には，設置者の定めるところにより，学校評議員を置くことができる。
> 二　学校評議員は，校長の求めに応じ，学校運営に関し意見を述べることができる。
> 三　学校評議員は，当該小学校の職員以外の者で教育に関する理解及び識見を有するもののうちから，校長の推薦により，当該小学校の設置者が委嘱する。

おおむね答申の提言どおりの文言になっているが，いくつかの違いが見られる。たとえば，委嘱者は答申では「教育委員会」とされたが，規則では「設置者」と改められている。これは設置対象を私立学校にまで拡大したからである。次に，規則は委嘱対象者を明確に示さず，教育に理解と識見のある者という穏やかな形で記している。答申では，評議員の構成について，有識者，団体代表者，保護者等を記していた。そして，答申が指摘した意見交換の機会の設定に関しては，規則ではあらためて触れていない。その機会の設定は校長の裁量に委ねた形になったのである。

平成12年1月の文部省の通知「学校教育法施行規則等の一部を改正する省令の施行について」によれば，学校評議員は次のように運用されることとなる。

(a) 設置……当該学校の設置者が学校ごとに任意に設置する。
(b) 性格……学校評議員一人ひとりがそれぞれの責任において意見を述べる。ただし，学校評議員が一堂に会して意見交換を行い，意見を述べる機会を設けることはできる。
(c) 運営……校長が学校評議員に意見を求め，最終的に判断する。その場合，学校評議員に学校の状況等を十分説明する必要がある。
(d) 意見を求める事項……①学校教育目標や計画，教育活動の実施，学校と地域の連携の進め方などに関する学校運営の基本方針や重要な事項，②その他校長の権限と責任に属することで校長自らが判断した事項である。

(2) 学校評議員と類似組織の違い

　学校評議員制度は,「学校連絡協議会」等の類似組織の設置によって代えられるとされるが,類似組織とは異なる次のような点を有する。

　学校評議員は,次の点で類似組織と異なる。
(a) 当該学校の児童・生徒,教職員をメンバーとしない。
(b) 一人ひとりが意見を述べる。

　類似組織の多くは,合議制の機関に位置づけられ,そのメンバーには教職員や生徒の代表が含まれている。たとえば,神奈川県逗子市立沼間中学校の「中学校運営地域協議会」(事例編,p.166参照)は,平成11年度に発足した類似組織であるが,その規約によると,協議を目的としており,委員には地域や保護者の代表に加えて,校長,教頭,教務主任,学年主任,研究主任,担当教師,生徒会からも選出することと定められている。そのほか,高知県の「開かれた学校づくり推進委員会」でも協議が目的だと明記され,その委員は,地域各種団体,ＰＴＡとともに,学校関係者と子どもの代表から委嘱される。東京都の「学校運営連絡協議会」では,生徒代表を含めていないものの,教職員代表を構成メンバーに加えている。東京都の場合,生徒代表をメンバーとしない代替措置として,協議会の場で可能なかぎり生徒の意見を聞く機会を設けることと定められている。

　しかし,学校評議員は評議員一人ひとりが校長に助言を行うものであり,合議制の機関ではなく,またメンバーから教職員と生徒等が除かれている。学校評議員が一堂に会する機会を設ける場合であっても,そこで意思決定を行うことを前提とするわけではなく,評議員からの助言を効率的に受けとめたり,学校が情報提供を確実に行うことが目的になるといえよう。

　学校評議員は以上の2点に類似組織との違いが見られるわけである。

(3) 学校評議員の委嘱手続き

　学校評議員は当該校の校長の推薦に基づいて，その学校の設置者（公立学校の場合は教育委員会）によって委嘱される。前出の平成12年の文部省通知は，学校評議員の構成と要件について次のように述べている。

(a) 構成……学校や地域の実情に応じて，できるかぎり幅広い分野から委嘱することが望ましい。
(b) 要件……教育に関する識見をその要件とする。
(c) 委嘱……校長の推薦により学校の設置者（公立学校の場合なら教育委員会）が委嘱する。
(d) 身分……学校の設置者が定める。その際，守秘義務規定を設けることを検討する。
(e) 任期……学校の設置者が定める。

　一般的には，平成10年の中教審答申が述べているように，有識者（学識経験者を含む），関係機関（自治会，民間企業等を含む）・青少年団体等の代表者，保護者などの枠組みから選出されることとなる。
　たとえば，岐阜県の県立学校に置かれている学校評議員の例をみると，その構成メンバーは地域住民の代表，地域の関係機関，地域の有識者，その他となっている。市町村立校レベルの例としては，三重県松阪市の場合，有識者，保護者，当該学校を卒業した者，関係機関・青少年団体等の職員等から選出している。これら選出枠組みを踏まえて，各学校の校長が人選を行い，学校設置者に推薦することとなる。実際に，校長の推薦が学校設置者に否認された例は今のところないようである。
　なお，学校評議員の選出に際して，当該校の教職員と児童・生徒を除外したのは，教職員については日頃から意見聴取が可能であり，児童・生徒に関しては児童・生徒会を通してその意向が汲み取れるからである。

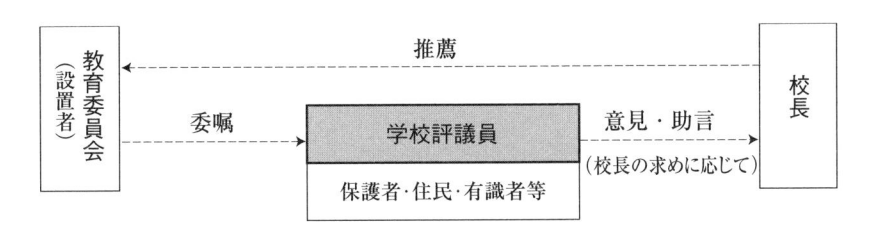

5章
学校評議員制度と地域・家庭の学校参画

図11 学校評議員の位置（公立学校の場合）

　もともと学校評議員制度のような仕組みは、イギリスの学校理事会やドイツの学校評議会などに代表されるように、ヨーロッパ諸国で発達してきたものである。特に、イギリスの学校理事会はわが国の学校評議員のモデルになったと言われる[1]。そのイギリスの学校理事会は、「地方教育当局と学校の間に位置する中間組織」[2]にたとえられ、校長を含む教職員、地方教育当局（LEA）、地域住民、保護者の各々の代表から構成される組織で、教育方針や予算・人事など各学校の経営に関する主要事項の決定に参画する地位を与えられている。このうち、予算と人事に関する権限は、1988年教育法によって地方教育当局から学校理事会に委譲されたのである。

　校長以外の理事は、学校の下請けを務めるのではなく、校長のよき相談相手であり、ときには論争すべき相手にもなる。このように、イギリスの学校理事会は学校評議員に比べてきわめて強い権限を有するものといえよう。

　イギリスの学校理事の役割を具体的にみると[3]、たとえば、ウェールズ学校理事協議会の「学校理事ハンドブック」は、その役割を次のように記している。

①学校の目的と意義を承認すること
②次の分野に関しての学校の目標、目的と実践に関する方針を承認すること
　ナショナル・カリキュラム、特別な教育ニーズ、規律と出席、性教育、日常的に行う集団礼拝、授業日や授業時間の長さと開始・終了の時間、お昼や他の休み時間など授業時間外での校舎の使用、学校内での諸活動のための費用、健康と安全、一般教職員の給料

> ③学校発展計画についての意見を述べて承認し，学校予算の配分や使用を承認，監視すること
> ④ナショナル・カリキュラムがちゃんと教えられているか確かめること
> ⑤学校の歩みをモニターし，見直すこと
> ⑥特別なニーズを含む生徒個人のニーズが確実に満たされるようにすること
> ⑦教職員の募集と選抜
> ⑧学校に関する情報を父母に与えること
> ⑨学校調査のあとに改善のための実行計画を立てること
> ⑩地元の企業と積極的なつながりを築き，維持すること
> ⑪校長による日々の運営上の決断を支持すること
> ⑫理事会が有効に機能するようにすること
>
> (資料：新潟県教育総合研究センター編『イギリスの教育改革と学校理事会』アドバンテージサーバー，2002年)

2．学校評議員の意義

(1) 学社連携と学校評議員

　文部省（当時）のパンフレット『スタート！　学校評議員――開かれた学校づくりのために』（平成12年1月）によると，学校評議員の設置によって学校と家庭・地域には次のような新たな関係が期待されるようである。
　（ⅰ）保護者や地域の意向の把握・反映
　（ⅱ）保護者や地域からの協力
　（ⅲ）学校としての説明責任など
　つまり，学校評議員は，外部者として学校に意向を進言するにとどまらず，学校と保護者・地域との関係づくりも期待されていることがわかる。その結果，1)特色ある学校づくりへの期待，2)「総合的な学習の時間」などへの支援，3)

子どもたちの地域ぐるみの育成，4）地域の行事や福祉施設等との連携，など地域と連携した取り組みが活発になることが期待される。つまり，学校評議員制度によって学社連携の進展が強く期待されているといってよい。

　これまで地域社会との関係づくりは，①ＰＴＡや地域青少年育成団体，自治会・町会等との組織的交流，②保護者，児童・生徒による情報提供，③住民有志からの個人的申し出，④企業や地域の公的機関の協力，⑤教職員による働きかけ，などを契機に取り組まれてきた。むろん，これら契機は意図的に得られるばかりでなく，偶発的に得られることも少なくない。たまたま地域住民から協力の要請があったので部活動の指導を委ねたり，あるいは地域サークルのメンバーと教職員の一人が親しかったことから合同行事を企画できたという事例も珍しくない。したがって，地域住民との関係がこじれたり，特定の教職員が異動したりすると地域社会との関係は弱まって，それら取り組みは長続きせず，一過的に終わることがあった。

　しかし，これからの学校は，学校評議員を通じて意図的・計画的・組織的に地域社会との関係構築に努め，それとの協働関係を定着させる必要がある。その意味で，学校評議員は「総合的な学習の時間」や学校行事，部活動において地域の指導者や教材・環境を紹介したり，学校と家庭・地域との間に立って，両者（または三者）の関係づくりの推進役になることが強く求められるはずである。さらに，学校と家庭・地域を恒常的につなぐシステムとして機能しなければならない。特に，これらの役割は地域関係機関代表者や保護者代表に期待されるものである。このほか，学識経験者から選出された学校評議員には学校経営や学社連携等に関する専門的な助言等が求められるであろう。

　いずれにしても，第三者の立場を十分に生かした形で学校と家庭・地域の関係づくりに努め，学校経営の改善を促すのが学校評議員に課された役割だといえよう。

(2) 学校評議員制度の意義

　以上のような期待が寄せられる学校評議員制度であるが，その意義を大きく

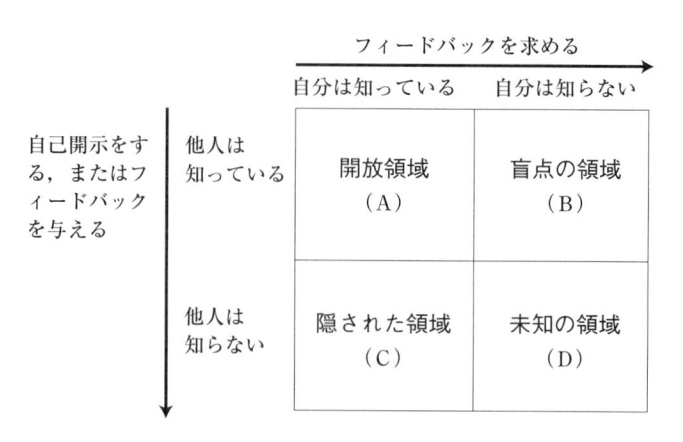

```
                        フィードバックを求める
                ──────────────────────▶
                自分は知っている    自分は知らない
         ┌───┬─────────┬─────────┐
自己開示をす │他人は│         │         │
る，またはフ│知って│ 開放領域 │ 盲点の領域│
ィードバック│いる  │  (A)    │  (B)    │
を与える    ├───┼─────────┼─────────┤
│          │他人は│         │         │
▼          │知らな│ 隠された領域│ 未知の領域│
           │い    │  (C)    │  (D)    │
           └───┴─────────┴─────────┘
```

図12　ジョハリの窓

とらえると，学校の開放領域の拡大とガバナンス機能の2点に集約できそうである。

① 開放領域の拡大

心理学の教科書には2人の心理学者ジョー・ルフトとハリー・イングラムによって作成された「ジョハリの窓」という図（図12）がしばしば扱われている。

この図によると，「開放領域（A）」は，自分は知っていて，他人も知っている部分，つまり自他ともに認識している領域を示している。「盲点の領域（B）」は，自分は知らないが他人は知っている部分を意味し，たとえば，自分では気づかない癖のようなことが当てはまる。「隠された領域（C）」とは自分は知っているが他人には知られていない部分をいい，自分だけが知っている秘密などのことを指している。「未知の領域（D）」は，自分も他人も知らない部分のことである。

この図を，「自分」を「学校」に，そして「他人」を「家庭・地域」に置き換えて解してみよう。

(a)開放領域（A）…学校が家庭や地域に公開している情報のことであり，「学校だより」や「学級通信」，インターネットのホームページなどで周知している学校情報などが該当する。ただし，この場合も，家

庭や地域が学校から発信された情報を確実に理解しているとは限らない。

(b)盲点の領域（B）…学校や教職員自身が気づかないけれども，家庭や地域住民は知っていることで，たとえば，「学校の常識は社会の非常識」といわれる場合の学校の「非常識」さなどが当てはまる。つまり，学校・教職員の非常識さはすでに家庭や地域は知っているが，学校は非常識だと自覚していないような事柄である。

(c)隠された領域（C）…学校が秘匿している情報で，いじめや体罰などの問題などなかなか外部に知らされない情報が該当する。むろん，個人情報など非公開とすべき情報も含まれるであろうが，これを除いた情報を学校が意図的に隠蔽すれば，家庭・地域との連携は難しくなる。

(d)未知の領域（D）…学校も家庭・地域も気づかないものである。例をあげると，時間割の弾力化や「総合的な学習の時間」をどう進めればどのような効果があげられるかなどといった部分は，現段階では学校も家庭・地域も確実に理解できない「未知の領域」に属するといってよいだろう。

以上のようにとらえると，開放領域（A）を右方と下方に広げていくことが「開かれた学校」を実現することになる。そのために，まず，開放領域を右方に拡大して盲点の領域を狭くすることが必要だが，そのためには外部の意向を積極的に聴取していくことが必要になる。その場合，学校評議員制度にフィードバックを求める人が大切になる。そして，隠された領域を狭めていくには，学校評議員をはじめとする外部関係者（保護者等を含む）・機関に対して情報を進んで公開・提供して説明責任を果たすなど，自己開示やフィードバックを与えることが課題になる。

つまり，学校は学校評議員にフィードバックを求めると同時に，彼らにフィードバックを与えて，自己開示を行うよう努めることによって開放領域を拡大し，開かれた存在になっていくことができる。

② 学校のガバナンス機能

　見方を変えれば，学校評議員の設置によって「学校のガバナンス」が実現することになる。「学校のガバナンス」とは，学校経営過程に様々な利害関係者が参画しながらその教育活動をモニタリングしていく仕組みのことであり，学校の教育的パフォーマンスの関係において彼ら利害関係者がいかにコントロールしていくかを課題とするものである。

　もともとこれは企業において注目されたコーポレートガバナンスの考え方を援用したものである。コーポレートガバナンスとは，「企業の方向性と活動内容を決定する際に，様々な参加者が互いにつくる関係のこと」[4]だと定義されている。これを機能的にみると，「企業経営を常時監視しつつ，必要に応じて経営体制の刷新を行い，それによって不良企業の発生を防止していくためのメカニズム」であり，また「企業としてのパフォーマンス向上を実現していくために経営陣を選び，動機付けていくための仕組み」だと解されている[5]。

　つまり，企業が実際には株主ではなく，経営者に独占されているため，それが経営失敗，汚職，スキャンダルなど多くの事件を引き起こす原因になっていたことから，それら事件防止を含めて企業経営を経営者以外の利害関係者がチェックする必要性が認識され，その考え方が重視されたのである。その過程を通して，企業経営陣を動機づけ，その業績の向上を図ろうとする仕組みなのである。

　学校の場合にも，教師による体罰やセクハラ，汚職など様々な問題が起こっている。自己完結的な経営姿勢がそうした問題を助長してきたといってもよい。そこで，保護者や地域住民などの利害関係者が学校経営過程に参画して，その機能をチェックする必要性が主張されるようになったのである。学校評議員制度はその考え方を実現した施策だと思われる。

　言うまでもなく，「学校のガバナンス」といっても，学校の自主性や自律性を無制限に脅かすものであってはならず，学校の自主性・自律性を尊重しながら，ぎりぎりのところで，その活動をチェックしていくことが肝要である。

3．学校評議員の具体的役割

【役割】
① 学校経営に関する専門的な助言
② 地域情報やアイデアの提供
③ 家庭や地域による協力の触媒
④ 学校経営のモニタリング

---

(1) 学校評議員の具体的な役割期待

　学校評議員を以上のように見てくると，その具体的役割はおおよそ次の諸点に求められる[6]。

　① 学校経営に関する専門的な助言

　学校の運営や教育活動に関して専門的な立場から校長に助言していくことである。これは元学校教員が自身の教育経験に基づいて助言し，大学教員が研究成果を踏まえて助言や情報提供を行ったり，また，企業勤務者などが経営のノウハウを提供するなどの場合があり，特にこれら有識者から選出された学校評議員に強く期待される役割だといえる。

　② 地域情報やアイデアの提供

　学校の校区内の地域情報，たとえば，地域の人材，伝統芸能，自然環境，施設・事業所，職能団体，教育団体などに関する具体的な情報を提供し，また，学校の教育活動に有益な新鮮ですぐれたアイデアや知恵を示したりすることである。地域の住民である自治会や青少年団体などの地域団体の代表者から選出された評議員に求められる機能である。

　③ 家庭や地域による協力の触媒

　保護者や地域住民などが学校支援ボランティアや協力者などとして学校教育に参画するよう動機づけ，そのきっかけを用意することである。保護者や住民の中には学校に協力したいけれどそのきっかけがないと感じている者が少なく

ない。一方，学校は保護者・住民の協力を得たいけれど，そのつてがなかなか見つからないという状況がある。そこで，学校評議員が学校と家庭・地域を結び，相互協力体制づくりの触媒になるのである。これはＰＴＡや社会教育関係団体などにふさわしい役割となろう。

④　学校経営へのモニタリング（監査）機能

学校評議員の役割として明記されている機能ではないが，学校から「説明責任」の一環として提供された各種情報に基づいて意見を述べるさいに，必然的に発揮される機能になる。つまり，学校の方針や取り組みに対するよい点と同時によくない点の指摘も行われ，結果として学校の独走に歯止めをかけることができる。むろん，学校の活動を拘束するのではなく，外部評価の観点からモニタリングを行うことになる。

(2)　専門性を生かした役割期待

以上のような役割は，すべての学校評議員に均等に期待されるものではなく，選出枠組みによって自ずと濃淡がでてくるはずである。否，学校としてはその枠組みや専門性に応じて役割や期待を持った方が適当であろう。

繰り返し述べると，①学校経営に関する専門的な助言は，これは元学校教員や大学教員，企業勤務者などの有識者に強く期待される役割であり，②地域情報やアイデアの提供，および③家庭や地域による協力の触媒は保護者や地域代表の学校評議員に求められる役割，そして④学校経営のモニタリング機能は，すべての学校評議員が必ず担うべきものだといえよう。

こうした役割分担意識を持たずに，すべての学校評議員に同じ役割を期待すれば，評議員にとって非常に肩の荷が重くなり，結局，学校評議員制度自体が形骸化しかねない。

> ❖ **教育長の意識**
>
> 平成10年12月に日本教育新聞社が教育長に対して実施した意識調査によれば，学校評議員には「学校と地域の情報交換の場にする」ことを期待する傾向が強く見られる。次いで，「地域の声を伝える場」が続き，第３位には「学校の教育活

動を評価し，改善を促す」という選択項目が見られる。また，同新聞社による教員対象の調査でも同様の傾向が見られ，「情報交換」を期待する割合が最も多く，以下，「地域の声」「評価」の順になっている。この場合，「評価」の順位が低いのは，それが「情報交換」よりもフォーマルな意見収集方法となるために敬遠されたものと考えられる。ちなみに，いずれの調査でも「学校行事の運営に参画」「教育課程編成に参画」「授業づくりへの参画」などと回答する割合は低めである。

4．学校評議員の現状

【実態】
　市町村立学校における学校評議員の設置率は20％強（平成13年4月現在）にとどまるが，設置率は急速に伸びつつある。だが，実際には形式的に運用されている例が珍しくない。

　文部科学省調査によると，平成13年4月1日現在，市町村立学校に学校評議員（類似制度を含む）を設置している教育委員会の割合は21.2％である。そのうち高知県の設置率が最多の100％であり，次いで岐阜県の99.0％，大分県の59.3％，東京都の54.8％となっている[7]。都道府県によって設置率に大きな格差があるようだが，平成14年4月以降，学校評議員を設置する全国の市町村数は急速に増加しつつある。

　しかし，学校評議員を設置したといっても，形ばかりで済まされてしまう事例は少なくない。たとえば，各学期に一度の会合を開催して，年3回でお茶を濁して，日頃から各評議員には意見を求めようとしない場合である。

　そこで，学校評議員制度を積極的に生かそうとしている実践例を見ておこう。

　栃木県宇都宮市では市内の小学校5校をモデル校に指定し，それを平成12年度から先導的に設置したところである。各校は年間4回の会議を計画し，研究テーマを設定するなど，そのあり方を模索していた。その一つである宇都宮市立城山東小学校（事例編，p.164参照）の「たより」に掲載された評議員会記録を以下に記しておこう。学校評議員の会議の実態を理解する上で参考になる。

> 　第一回学校評議員会は，4月19日に開催されました。
> 〈意見を求めた事項と意見の概要〉
> (1) 本校の特色を広く地域に認められるためには，教育に関する情報を積極的に地域へ発信したり，地域の方々に授業等に参加いただくことを考えている。情報の発信によって，地域と共に児童の教育を推進していくには，どのような取り組みがあるか。また，地域の方々の授業参加を充実させるためには，どのような配慮が必要か。
> ☆意見
> 　①学校の行事等情報の提供。②地域と学校が一体となった活動の推進。③関係機関等の連携。④地域人材の活用。⑤授業等の公開。⑥自治会の情報提供。等。
> (2) 「地域に信頼される学校」となるためには，さらにどのような努力が必要か。
> ☆意見
> 　①障害児との交流。②情報発信の方法（パソコン通信，回覧など）。
>
> 　当日は，2時間30分に及ぶ評議員会になりましたが，それでも意見が出尽くした状況ではありませんでした。評議員さん方の様々な意見から東小学校を思う気持ちを再認識するとともに，児童が卒業すると学校からの情報を閉ざしていたことを反省させられました。ご意見は，本校のよさにつなげるよう生かして参ります。
>
> 　　　　　　　（宇都宮市立城山東小学校「城山東だより」2000年4月号より引用）

また，同校は，学校評議員からの意見聴取により取り組んだ事項を以下のように記している。
　①教育に関する積極的な情報発信
　②保護者・地域の人々の授業への参加（障害を持つ人や高齢者との交流）
　③大谷小唄の踊りの輪を広げる工夫
　④自由参観のPRをし，地域の方々にお出でいただく
　⑤開かれた学校づくり収穫祭（行事）となるよう情報発信に努める
　同校では，学校からの情報発信に応えて評議員から多様な意見が活発に交わされた様子がわかる。それら意見には学校にとって貴重な評価的意見が数多く含まれているから，「本校のよさにつなげるよう生かしたい」と記されている。

そして，同校は，区内の郵便局，農協支所等の公共機関 4 か所に「学校だより」と児童が作成した新聞を配布し，学校情報を一般にも発信する取り組みを開始した。すると，児童新聞の掲載記事に対する一般住民の反応も見られるなど，学校と地域のコミュニケーションが築かれてきたようだ。

 また，同市立上戸祭小学校は，評議員の会議でスライドを用いて学校側の考えを説明するとともに，地域の人材活用などについて評議員に意見を求めたり，生活科の授業では評議員自身を招くなどの試みも行った。その結果，学校は「学校評議員という窓口ができて地域との風通しが良くなった」[8]と高い評価を下している。

 以上の例は，学校評議員をいち早く設置したためか，その運用に積極的な学校であるが，このような取り組みが各地の学校で展開されることが期待される。その生かし方に関する実務的な課題については，以下の節で述べておきたい。

5．学校評議員制度を生かすための実務課題

> 【取り組みのポイント】
> （1）日常的に情報提供を行うなど自己開示に努める
> （2）学校評議員の特性を最大限に引き出す
> （3）相談事項については，何をどうしてほしいのかを明確に絞り込む
> （4）学校評議員の意見に聞く耳を持ち，それを学校評価に生かす
> （5）会合の記録や結果は「たより」などで保護者や住民に伝える

 それでは，学校評議員制度を十分に生かしていくためには，学校や校長にとって，どのようなことが取り組みの課題になるか。

（1）日常的に情報提供を行うなど自己開示による学校理解に努める

 6 章でも述べるが，「説明責任」の観点から，まずは学校評議員に対して関連情報を積極的に提供して，開放領域を拡大するよう努めることである。当然，

「たより」等の一般的な情報だけでは十分でなく，評議員への配布用にあらためて資料を作成しなければならない。また，公開日や日常場面を視察してもらうよう要請するなど，学校の現実を直接目で見て理解してもらうことも忘れてはならない。

(2) 学校評議員の特性を最大限に引き出す

学校評議員は選出母体によってその専門性や特性が異なるので，各々の専門性等を勘案した上で意見を求めることが大切である。その場合，専門的な意見として求めるのか，あるいは保護者や住民の意向や感想として求めるのかを峻別しておくことが必要である。

(3) 相談事項については，何を求めるのかを明確に絞り込む

学校評議員の会合の席上で学校側が資料を説明した後に，「何か意見はありますか」などと漠然とした形で学校評議員に意見を求めることがある。これでは，建設的な意見の出ようがないし，また意見が出ても校長がそれに対する答弁に終始しがちになる。そこで，校長として，学校評議員に何をどうしてほしいかを明確に絞り込んで諮問しなければならない。

(4) 学校評議員の意見に聞く耳を持ち，それを学校評価に生かす

しばしば見られるのは，学校評議員がせっかく意見を述べても，校長が「それは無理です」「似たようなことはやってます」などと返答する場面である。少なくとも，学校評議員は外部から見て，その学校が取り組んでいないと思うから提言するのである。しかし，議会答弁調の校長の答弁を聞けば，学校に対する期待も弱くなり，学校評議員制度が形骸化しやすくなる。そうしないためには，たとえ些細な意見でも，あるいは無理難題な意見でも，校長はとにかく聞く耳を持たねばならない。それらの意見が実現できないにしても，学校評価の資料として受けとめることが大切である。

(5) 会合の記録や結果は「たより」などで保護者や住民に伝える

　学校評議員の会合では，意見交換等の内容は原則として一般の保護者や地域住民にも知らせるべきである。むろん，個人情報や未確定情報は未公開とすべきであるが，そうでない情報や記録は「たより」等に載せて広く周知することが大切である。また，学校評議員から出された意見のうち実現できたものとそうでないものについても情報公開すべきで，実現できないものにはその理由等も示すことが望ましい。

　以上の課題は，実際の学校評議員制度の最大の問題点，すなわち制度の形骸化を克服するために必要な視点を含んでいるはずである。
　さて，われわれは自分の姿を目で見たり，自分の癖を自覚するのが難しい。自分自身を知るためには鏡を使ったり，他人に意見を求めなければならない。その鏡となり，意見を述べてくれるのが学校評議員であることをあらためて認識することが大切である。学校が「裸の王様」にならないよう，学校評議員を積極的に生かしていくよう期待したい。

〔註〕
1) 藤井穂高「諸外国の学校評議員制度——イギリスの学校理事会」葉養正明編『学校評議員ガイド』ぎょうせい，2000年，p.18
2) 前田耕司「父母の教育参加——イギリスの学校理事会を中心に」伊津野朋弘編『未来に生きる教師』エイデル研究所，1984年，pp.292-295
3) 新潟県教育総合研究センター編『イギリスの教育改革と学校理事会』アドバンテージサーバー，2002年，pp.252-257
4) ロバート.A.G.モンクスほか著，ビジネス・ブレイン太田昭和訳『コーポレートガバナンス』生産性本部，1999年，p.20
5) 田村達也『コーポレート・ガバナンス』中公新書，2002年，pp.6-7
6) 佐藤晴雄「学校評議員制の導入と学校評価活動」佐野金吾編『学校の評価活動』教育開発研究所，2001年，pp.178-181
7) 文部科学省編『教育委員会月報』no.621，2001年8月号
8) 『朝日新聞（栃木版）』，2000年10月6日付朝刊

6章 「説明責任」と学校評価

学校は「説明責任」をどう果たすか

1．「説明責任」とは何か

> 【定義】
> アカウンタビリティ（accountability）は「説明責任」と邦訳されるが，英和辞典では「責任のあること」などと訳されている。本来，アカウンタビリティとは，結果・決算に対する責任を意味し，その限りにおいて説明に関する責任を含んでいる。しかし，現在の教育界では「説明責任」と訳すのが通例になりつつある。
> この「説明責任」という概念は，「開かれた学校づくり」を推進する一つの具体的取り組みとして用いられるようになり，学校評価と強く関連づけられるようになった。つまり，学校評価に基づく説明が不可欠だと考えられ，また，その教育活動の結果を学校評価によって把握することが大切だとされるからである。

(1)「開かれた学校づくり」と「説明責任」

中教審「地方教育行政」答申（平成10年）は，「学校が地域住民の信頼にこたえ，家庭や地域が連携協力して教育活動を展開するためには，学校を開かれたものとするとともに，学校の経営責任を明らかにするための取り組みが必要」だと述べる。そのための具体的施策として，「教育計画等の保護者，地域住民に対する説明」，「学校評議員の設置」を提言している。また，文部科学省の調査研究事業においては，「開かれた学校づくりを進めていく観点から，学校が，

学校運営に関し，保護者や地域住民の意向を把握し反映し，その協力を得るとともに，学校運営の状況等を周知するなど学校としての説明責任を果たしていくための方策」を探ろうとしている。すなわち，「開かれた学校」づくりを進めるためには，保護者や住民等に学校の教育計画や取り組みを説明し，その達成状況を学校が自己評価するとともに学校評議員の活用によって外部に見解を求めることが不可欠だというのである。

(2) アカウンタビリティとは何か

こうした動向の中で，学校の「説明責任」という用語を目にすることが多くなった。欧米で用いられてきたアカウンタビリティ（accountability）の邦訳のようである。アカウンタビリティとは，単純な意味では教育の改善を企図するためにだれかに責任を持たせることをいい，また過去の教育実践の確認行為を意味する場合もあるといわれる。その場合，イギリスの例に即して言えば，第三者に自らの活動を責任を持って説明することは，単にその責任を説明するだけを意味するのではなく，期待される活動を行うことを明言するという意味も有している[1]。

つまり，その概念は学校がどのような方針のもとで何を行っているかを外部に説明する責任を意味するにとどまらず，本来の責任を果たすよう約言することも意味しているのであるが，「説明責任」と訳してしまったために，何か説明だけを行えばそれで学校の責任が果たせたというような誤解を招きやすい。したがって，「説明責任」ではなく，「結果責任」や「経営責任」と訳した方が適切だといわれる[2]。

(3) イギリスのアカウンタビリティ制度

それでは，アカウンタビリティ制度は具体的にどう実施されるのか。イギリスの一例をみると，まず教師は学校に配布された報告用紙に児童・生徒の発達に関する報告を記すと，学校理事は校長から提出されたそれら教師の報告からなる学校報告書を受理して検討する。また，指導主事等の職員は学校を訪問し

て，教師からの教育活動に関する報告を受けて学校の取り組み成果を評価することとなる。そして多くの学校は，夜間に相談会やＰＴＡの会合を催し，学校の教育活動の結果について保護者等に対しても説明することとされる。その結果，学校に不適切な指導があったり，教育活動に失敗があると評価されれば，その責任が問われ，是正が求められる。その場合，教職員が努力したことではなく，あくまでも児童・生徒のテスト成績などの客観的基準から教育活動の結果が評価されることになる。学校は，児童・生徒や保護者ばかりでなく，地域や教育当局など学校の利害関係者すべてに対して責任を負うているのである。当然，そのような責任の明確化には一定の基準に基づく評価が不可欠になり，特に，中等学校では全国共通試験の児童・生徒の成績が評価基準の一つとされる傾向が強いといわれている。

(4)「経営責任」としてのアカウンタビリティ

むろん，現在のわが国にイギリスのようなアカウンタビリティ制度を直輸入するのは難しいであろうから，それを「説明責任」という意味に縮小化したのであろう。しかし，その裏には学校が持つ経営責任を自覚し，経営評価に取り組むべきだとする考え方があるように思われる。そこで，ここでは，学校や教員が自らの責任を自覚し，教育経営の過程と結果を評価し，それらを外部に明らかにしていくための一連の営為を「経営責任」と理解しておきたい。言うまでもなく，その「経営責任」という行為自体が「開かれた学校」の内実をなしているのである。

2．経営責任としての「説明責任」の意義

【意義】
現在の学校にとっての「説明責任」の意義は，おおよそ次の２点に求められる。
① 学校運営の透明性を確保し，保護者・地域住民に対して学校の「経営責任」を明らかにしながら学校のガバナンスを確立すること。

> ② 学校と家庭・地域の連携による「開かれた学校づくり」を進めるために不可欠であること。ただし，「説明責任」は，単に情報を提供し，説明するだけでは十分ではなく，保護者や住民等を納得させ，彼らのアクションを促してこそ，初めて果たせたといえよう。

(1) 新教育課程と「説明責任」

　現在，新教育課程の実施に伴い，保護者の中には不安を抱くものが少なくない。教育内容の厳選によって学力が低下しないか，授業時数が減った子どもが学習しなくなるのではないか，休業土曜日をどう過ごさせたらよいのかなど，様々な不安が聞かれる。そうした不安の原因の一つに，学校の説明不足による新教育課程への誤解がある。つまり，保護者たちは学校からの十分な説明がないままに，新教育課程に批判的なマスコミや人伝てに入る情報に踊らされているのかも知れないからである。

　したがって，今こそ学校は家庭や地域に情報を公開し，新教育課程に基づく教育目標や経営方針を確実に説明していくことが必要になる。このことは，公教育を担う学校としての責任の一つになる。

(2) 「説明責任」の意義

　現在の学校は，情報公開制度による情報開示という側面とは別に，前述のような教育責任の観点から保護者や地域住民に対する説明責任が求められている。まず，あらためてその意義を探ってみよう。

　① 学校のガバナンスの視点

　第一に，「学校のガバナンス」を実現するために不可欠である。

　企業経営においては，経営者による支配からコーポレートガバナンス (corporate governance)[3] という考え方へとその経営・支配のあり方が移ってきている。コーポレートガバナンスについては5章ですでに述べたが，この考え方が重視されるようになったのは，企業が経営者だけに支配されるようにな

った結果，様々な不祥事が起こり，それらの防止を含めた健全な企業経営のために経営者以外のステイクホルダー（利害関係者）もその経営に関与する必要性が求められたからである。

　学校の場合にも，閉鎖的な経営によって様々な不祥事が続出し，それらが学校内部だけで処理されることが珍しくなかったことから，問題の複雑化と深刻化を招き，結果として学校不信さえ生みだした。平成10年の中教審答申「今後の地方教育行政の在り方について」が学校運営の透明性を確保し，保護者・地域住民に対して学校の「経営責任」を明らかにすることが必要だと提言したのは，まさにそうした背景を意識したからであろう。学校経営の透明性を確保し，新教育課程に伴う保護者の不安を解消させるためには，まず情報提供などによって十分「説明」することを欠いてはならないのである。

　② 家庭・地域との連携の視点
　第二に，「説明責任」は家庭・地域との連携の前提になる。

　新学習指導要領が「開かれた学校づくり」を進めるよう示したことから，学校は家庭や地域との連携に積極的に取り組み，特色ある学校づくり・教育づくりに努めることが課題になった。とりわけ，「総合的な学習の時間」においてはそうした家庭・地域との連携が最重視される。「連携」に際しては，単に家庭や地域の教育力（＝教育資源）を一方的に活用するにとどまらず，それらとお互いに協働しながら教育実践（生涯学習を含む）を展開することが大切である。

　そこで，学校は，「連携」に取り組む場合，その相手となる家庭や地域に対して必要な情報を提供し，教育目標や経営方針，指導の進め方などについて具体的に説明し，学校への理解を得ることが前提条件になる。仮に，「説明」が不十分だと，「連携」自体が円滑に進められないだけでなく，学校が家庭や地域資源をご都合主義的に利用しようとしているような印象を与えることになる。「連携」の取り組みにおいては，「説明」によって学校を理解してもらうことが先決である。その場合，教育活動の達成状況等の結果についても説明することが大切である。

（3） 相手にアクションを起こさせる「説明」

　ただし，学校は単に，機械的に情報を提供しただけでは「説明責任」を果たしたことにならない。「説明」とは，あくまでも相手を納得させ，相手にアクションを起こさせることをめざすものでなければならない。

　したがって，大切なのは日常から家庭や地域とのプラスの関係性を築いておくことである。その意味で，家庭や地域の窓口になる校内組織が情報提供を含む「説明」を担当することが望まれる。

3．学校評価の現状と「説明責任」

> **【学校評価の現状】**
> 　学校評価を重視する方向は，なにも学校に限った動きではない。行政評価の導入も実現され，学校を含む公的サービスは，評価に堪えることが要求されているのである。学校評価に関しては，各地での取り組みが広がりつつある。評価票の工夫や保護者・住民を評価者にした外部評価の動きも進展してきている。学校評価は「説明責任」を確実に果たしていくためにも不可欠な取り組みになる。

（1） 行政評価と学校評価

　「説明責任」を果たすためには，その説明のための十分な根拠を欠いてはならない。しかも客観的な資料に基づく根拠であることが大切である。学校評価は「説明責任」を確かなものにするために必要な資料を提供する役割を果たす。その意味で，学校評価と「説明責任」は強く関係してくる。

　ところで，国は平成12年10月に「行政評価法案」を公表した。これは国の事業や政策を評価するための仕組みの導入を各省庁に義務づけるもので，1）国民に対する説明責任を徹底すること，2）各行政機関が年度ごとに業務の実施状況報告書を国会に提出すること，3）行政の評価結果とともに評価の方法や基準を公開すること，4）総務庁（現総務省）が各行政機関の政策について統

一的，総合的に評価すること，を骨子とするものである。この法案は平成13年の通常国会に提出されたのである。

　この「行政評価法」という改革の流れと学校に「経営責任・評価」を求める動きとは無関係ではない。もはや行政と同様に公立学校もガラス張りの経営が求められ，そのあり方が評価される時代がやってきたのである。

(2) 学校評価の実情

　実際に，各学校においても様々な形で評価が実施されるようになってきた。静岡県総合教育センターの調査研究によると，小・中・高等学校における学校評価のねらいについては，「次年度の教育計画立案の資料にする」（小中90％強，高校約80％）や「学校教育目標の達成度を確かめる」（小約60％，中高約50％）と回答した割合が高く，「教育実践の成果を確認する」などの項目を指摘する割合は低い[4]。

　つまり，個々の実践を評価していくというよりも，学校全体の取り組みに関する評価が中心になっていることがわかる。また，保護者や地域住民等の外部による学校評価については，その必要性を認識している学校は70％以上であり，特に中学校でその傾向が著しい。さらに，そうした外部評価を実施した場合の効果として，「教育活動を説明する責任が重要になる」と回答した割合が最も多く，全校種の80％以上がそう回答している。これらデータは，今後，保護者や地域住民等の参画による外部評価が現実味を帯びた課題になり，そうなると外部に対して教育活動を説明していく責任がますます重視されていくことを予想させるものである。まさに，それは「開かれた学校」づくりにおける外部評価の重要性を提起するデータだといってよい。

❖行政評価

　行政評価とは，広義には行政活動を対象にした評価のことをいうが，これは，各行政機関の業務の実施状況の評価を「行政評価」とし，各行政機関の政策に関する評価を「政策評価」と分けることができる。

行政評価は，平成11年に成立した中央省庁等改革基本法に基づく新しい省庁体制の構築に伴いますますその重視性が強調されている。この法律は，「国民的視点に立ち，かつ，内外の社会経済情勢の変化を踏まえた客観的な政策評価機能を強化するとともに，評価の結果が政策に適切に反映されるようにする」ことを基本方針の一つに据えている。そのために，①各府省庁に政策評価部門を確立すること，②政策評価の総合性と客観性を確保するために府省庁の枠を超えた政策評価機能を強化すること，③政策評価に関する情報公開を推進し，政策への説明責任を明確にすること，をあげる。

(3) 学校評価の各地の動向

学校評価の取り組みは意外にも新しくない。昭和26年には文部省『中学校・高等学校評価の基準と手引（試案）』がすでに示されていた。これは学校の自己評価への保護者や児童・生徒の参加も促したものだが，その後，自己評価自体が衰退化していくなかで，その参加を十分浸透させられなかった。

ところが，近年，学校の自己評価が再び注目されると，保護者や地域住民による評価を重視しようとする動きが進展してきた。

平成7年，東京都教育委員会は「公立高等学校評価基準」を作成し，そこに「外部評価（教職員以外による評価）C表　教育活動評価」を加えた。外部評価を加えたこの評価基準は，わが国最初のものだといわれる[5]。その後，千葉県総合教育センターの学校経営評価票（平成7年）や高知県教育委員会の授業評価システム（平成9年），大阪府教育委員会の学校教育自己診断票（平成10年）などが保護者と児童・生徒による評価を導入し，また，秋田県総合教育センターの「三相ビジュアル学校評価」は，「教職員の自己評価」，「児童・生徒からの評価」，「保護者からの評価」に加えて，「地域社会や来校者からの評価」という項目を取り入れたものである。

このように学校の自己評価があらためて重視され，その一環として外部評価への注目も集まった結果，児童・生徒のみならず保護者や地域住民の評価過程への参加を求める動きが現れてきている。

(4) 品川区の外部評価者委員制度

　最も新しい取り組みとしては，東京都品川区の外部評価者委員制度がある。これは，品川区の教育改革「プラン21」に基づいて平成14年度の新規事業として実施されているもので，「学校改善につながる実効性のある学校評価にするために，学校の内部と外部の両面から評価結果が得られるようにし，より客観性が担保された評価を実現させる」事業である[6]。

　外部評価の項目は，下記に示した各事項に関して，「学校の姿」「児童・生徒の姿」「教職員の姿」「教職員と子どもとの関係」のいくつかの設問に分けられる。そして，各設問について4段階で評価することとなる。たとえば，「保護者・地域との連携に関して」は，学校の姿（実態）はどうか，児童・生徒の姿（成果）はどうか，教職員の姿（取り組み姿勢）はどうかなど，各々についてAからDまでの4段階で外部評価者がチェックするのである。外部評価者は，保護者や地域住民，学識経験者から各学校6～8人程度が教育委員会によって委嘱され，年間を通じて適宜学校を訪問して評価活動を行うことになる。

〈品川区の外部評価項目〉
・学校の総体に関して
・基礎学力の定着に関して
・社会性・人間性の育成に関して
・保護者・地域との連携に関して
・独自の特色ある教育活動に関して

　筆者もある品川区立小学校の外部評価者に委嘱されているが，その学校からは随時学校情報を提供され，評価委員会でも学校側からの説明を受けている。この場合でも明らかなように，学校評価，特に外部評価にとっては，学校からの情報提供や説明が不可欠である。品川区のような制度的取り組みに至らない場合でも，学校が適宜必要な情報を提供し，絶えず「説明責任」を果たしていけば，評価がおのずと得られるはずである。その意味でも，「説明責任」はこれからの学校にとっては必須の課題になる。

4.「説明責任」に期待される視点

> **【視点】**
> 経営責任を明確化し，経営評価の結果を示していくという一連の過程はアカウンタビリティの考え方を拠りどころにしたものである。その「説明責任」と評価は，次のような視点からその実現が期待される。
> （1） 保護者・住民の権利保障
> （2） 家庭・地域による学校理解の促進
> （3） 学校のマンネリ化の打開
> （4） 教職員の意識変革
> （5） 地域生涯学習の推進

　それでは，学校は「説明責任」の考え方をどう生かしていけばよいのか。それを生かす視点について述べておこう。

（1） 保護者・住民の権利保障の視点

　保護者や地域住民は公教育の消費者であり，かつ納税者として公教育に関与する権利を有している。したがって，その消費者であり納税者である彼らに対する責務として学校は，どのような考え方でどのような結果に至ったかを客観的に示し，経営責任を明らかにするための「説明責任」が必要になる。

（2） 家庭・地域の学校理解を促す視点

　保護者にはわが子の教育やしつけを学校任せにして，自分は知らぬふりを決め込むものも珍しくなく，また地域住民には学校に対して何かにつけ苦情を言う者が少なくない。学校が家庭や地域と積極的にかかわってこなかった結果である。そこで，学校は何を目標に，何に取り組んでいるかを示しながら，家庭や地域の学校への理解と協力を得るように努めなければならない。

（3） 学校のマンネリ化を打開する視点

　マンネリ化しがちな学校にとって，保護者や住民の意向が新たなアイデアになることが少なくない。特に，地域社会に関する学習活動に関しては，教職員の手の届かないような具体的情報を保護者や住民が持っていることが多い。そうした情報を発掘，入手して，マンネリ化を打ち破ることによって学校の活性化を図るために，学校は自らの到達点を確認し，その結果を外部に示していくことが大切になる。

（4） 教職員の意識変革の視点

　「学校の常識は社会の非常識」などと学校の閉鎖性や教師の非社会性を批判する声がしばしば聞こえてくる。そこで，保護者や住民等の学校参加という外部刺激によって教職員の意識を変えていく必要がある。つまり，学校は教職員の日々の取り組みが外部の検証を受け，保護者等から責任を問われる可能性のあることを十分認識し，教職員の意識を変えていくことが必要である。

（5） 地域生涯学習推進の視点

　学校は保護者を含む地域住民のための生涯学習の場として機能することが従来よりも強く期待されている。しかし，余裕教室等の開放をめぐっては，しばしば住民とのトラブルが発生する。たとえば，学校にとっては必要だと判断された施設を，住民はなぜ開放しないのかと抗議する。また，住民が非開放ゾーンにみだりに立ち入ったりすることがある。このようなトラブルを回避するためにも，学校は教育方針を十分説明し，経営過程をガラス張りにして地域の理解を得る必要がある。

　このうち（1）および（5）は学校がなすべき義務であり，（2）～（4）は学校経営上のメリットになる視点だと位置づけられ，それぞれの視点によって経営責任・評価が生かされなければならないはずである。これからは，学校内だけで教育活動を決算していく時代ではなく，各学校は地域や保護者などに対し

ても「教育の決算」を示しながら「開かれた経営」をめざしていかなければならない。21世紀の学校経営の最重要課題の一つである。

5．「説明責任」を果たすための実践的課題

> 【取り組みのポイント】
> （1）「説明」のための情報管理サイクルづくりを図る
> （2）「説明」のための情報の階層化の基準づくりに取り組む
> （3）「説明」のための担当組織づくりを図る

　学校評価の成果を生かしながら，以上のような課題に具体的に取り組むことによって各学校は「説明責任」を果たすことが今後ますます強く期待されてくる。

　最後に，「説明責任」を果たすための体制づくりに向けての実践的な課題について述べておきたい[7]。

(1)「説明」のための情報管理サイクルづくり

　言うまでもなく，「説明」には適切な情報提供が必要である。つまり，「説明」とは，ただ相手に対して考えや事情を申し出るだけでなく，適切な情報に裏打ちされたものでなければならない。単なる情報提供にとどまらず，その情報が相手に的確に伝わり，相手の理解が得られるよう努める必要がある。そのためには，まず「説明」に必要な情報管理サイクルの構築が必要になる。

　学校が持つ各種情報を管理するためのサイクルは以下のようになる。

　① 情報の収集

　新教育課程に関する一般的情報，学校評価によって得られた結果，児童・生徒の学校生活に関する情報などを学校内外で積極的に収集する。その場合，公開の可否を意識しないで，とりあえず意欲的な情報収集に努める。

② 情報の評価と整理

収集した情報の内容を評価・検討し，重要度や領域に応じて整理・分類する。このとき，情報を公開可否の程度にしたがって階層化しておく。

③ 情報の加工

整理・分類，階層化された情報のうち，公開可能なものについては，外部に提供できるような形に加工する。たとえば，会議録のメモでは外部にさらすことはできないので，あらためて要約や清書を施すのである。また，情報の中に個人情報や部外秘情報があれば，削除するなどの作業も欠かせない。

④ 情報の検索と提供

加工された公開情報のうち，必要なものを検索し，家庭や地域に適切に提供する。提供方法は，会議での資料配付や口頭説明，「たより」への掲載，インターネットのホームページ上など様々な工夫が図られるべきである。

⑤ 情報の蓄積と保存

提供した情報を蓄積・保存しておき，また「説明」の事実については確実に記録に残しておく。後で，どのような情報を提供し，どう「説明」したかが不明にならないように配慮する。

各学校はそのつど公開できるか否かを検討するのでなく，以上のようなサイクルを築いて一貫性を保った情報提供に努め，「説明責任」を果たしていくことが課題になる。

(2) 「説明」のための情報の階層化の基準づくり

情報管理サイクルの中でも，とりわけ重要なのが情報の評価・整理と加工・整理の段階である。「説明責任」だからといって，学校が保有するすべての情報を提供することはできない。求められる情報のうち，何をどう提供し，説明していくかが大切なポイントになる。

情報を階層化する場合，いくつかのランクに分類するのが望ましい。

ランク1……個人情報等の内部情報を含むもので，原則として学校内部だけに提供できるもの。

ランク２……未決情報や未加工情報だが，学校評議員やＰＴＡ役員などの関係者に限って提供できる程度のもの。この場合，情報がひとり歩きしないように，一般に公開できない情報であることを約して提供しなければならない。
ランク３……だれにでも公開可能なものと評価され，また加工を施された情報。むろん，これは「たより」やホームページなどに掲載できるものである。

　つまり，説明や情報提供の対象者を意識して，各種情報を評価・分類し，加工・整理することが重要なのである。「説明」が十分行われるか否かは，結局，ランク１の情報をランク２に変え，さらにこれをランク３にまで移すことができるかどうかにかかっている。その意味で，情報をどう評価・分類し，加工・整理していくかが鍵になり，そのための基準づくりが学校の課題になる。

　要するに，公開できる情報とできない情報とをあらかじめ区別しておく。同時に，どの情報がだれに公開できるかということも決めておくのである。また，公開できない情報はなぜ不可能かという理由（＝基準）も明確にしておかねばならない。このことも「説明責任」の一つに属する。

(3)「説明」のための組織体制づくり

　以上のような情報提供体制をつくり，実際の「説明」に活用していくためには，情報サイクルの管理者および情報の加工・整理（階層化）の主体となり，そして「説明」の主軸を担うべき担当組織（分掌）を設ける必要がある。なぜなら，教職員によって公開される情報の階層化等の質や量が違うと，一貫性ある「説明」が行えなくなり，学校の信用が低下するからである。そのため担当組織では，外部との渉外窓口，地域調査・社会予測，家庭・地域連携戦略，広報・情報公開，社会的監査（学校が家庭や地域に対してどこまで「説明責任」を果たせたかを監査）・学校評価などを併せて担当することが望ましい。

　このような体制から「説明責任」を果たすことが，家庭や地域との連携を進めるためにはどうしても必要になる。

6章
「説明責任」と学校評価

❖コミュニケーションのSMCRE

　コミュニケーションのプロセスに不可欠な要素には四つある。それらは，S（Source＝送り手），M（Message＝メッセージ），C（Channel＝チャンネル），R（Receiver＝受け手）である。これにE（Effect）を加えるのが一般的なようである。

　学校が保護者や住民に必要な情報を提供し，「説明責任」を果たそうとしても，なかなかうまくいかない場合がある。その時には，SMCREのどこかにノイズが発生している可能性が高い。送り手（S）である学校に，「学校が流す情報は当然相手も注目している」という誤解があったり，メッセージ（M）自体が曖昧だったり，また「たより」というチャンネル（C）だけに頼っている場合がある。そして，その成果（E）についても確認する必要がある。学校が外部に説明するさいには，あらためてこのSMCREの要素ごとに検討し直すことが大切である。

　　　　　　　（参考：杉田敏『人を動かす！　話す技術』PHP新書，2002年）

〔註〕
1) Hugh Sockett edited : *Accountability in the English Educational System.* Hodder and Stoughton, 1980, p.10
2) 水本徳明「学校の説明責任の履行と学校評議員」『教職研修』教育開発研究所，2000年5月号，p.59
3) ロバートA. G. モンクスほか著，ビジネス・ブレイン太田昭和訳『コーポレートガバナンス』生産性本部，1999, p.20
4) 経営研修課「新しい時代の学校評価に関する研究」静岡県総合教育センター『研究紀要』第4号，2000年3月，pp.31-70
5) 八尾坂修『現代の教育改革と学校の自己評価』ぎょうせい，2001, p.56. 各地で取り組まれている学校評価票のタイプについては，佐藤晴雄「統計・資料にみる学校経営診断の実態と課題」『学校経営』第一法規，1999年2月号を参照されたい。
6) 品川区教育委員会『品川区の教育改革プラン21　第2版』2002年6月, p.18
7) 佐藤晴雄「家庭・地域に説明する体制は整えられているか」『教職研修』教育開発研究所，2002年2月号, pp.50-53. なお，本節は，この拙稿に手を加えて書き改めたものである。

7章　学校選択制と通学区域の弾力化

学校選択制下で取り組む特色ある学校づくり

1．学校選択制とは何か

【定義】

　学校選択制は，子どもの個性に合った学校への就学を促し，保護者の学校選択権を尊重するために，従来の就学校指定制によりながらもその運用の弾力化を一層図るための新たな仕組みである。

　学校選択によって学校と地域との関係が弱まるという危惧もあるが，それは特色ある学校づくりの観点と結びつき，その意味で学校に地域の特色を生かした教育課程の編成や学校経営を促す施策に位置づく。むしろ，そこに学校と地域との連携の意義を見いだすことができるのである。

(1) 学校選択制下で学校と地域の連携をどうとらえるか

　学校選択制は，学校と地域との関係を引き離す要因になると考えられがちである。学校周辺の通学区域がすべての児童・生徒の居住地域であるとは限らなくなるからである。

　しかし，学校選択制は，特色ある学校づくりの取り組みを前提とし，またそれを促す制度でもある。学校が特色づくりに努めるためには，地域の特色を生かすことが避けられない。たとえば，地域の自然環境や産業，公共施設，あるいは人材を活用しながら教育課程を編成したり，部活動の指導者に地域指導者を依頼し，また行事を地域関係機関と共同開催するなどして，特色づくりに努

める事例が少なくない。その意味で，学校選択制は，むしろ地域との連携を促す契機になるととらえられる。

通学区域以外の地域に居住する児童・生徒にとっても，学校と通学区域との関係を通して，自らの居住地域をあらためて見直すチャンスになるから，学校選択制によって学校と地域との関係の意義が軽視されるようになると考えるのは適切だとはいえないであろう。

① 就学校指定制と学校選択制

学校選択制とは，もともと臨時教育審議会第三次答申で通学区域の弾力的な運用を求めた提言に発するといってよい。ここでは，「現行の市町村教育委員会の学校指定の権限は維持しつつも，地域の実情に即し，可能な限り，子供に適した教育を受けさせたいという保護者の希望を生かすために」，①調整区域の設定の拡大，②学校指定の変更・区域外就学の一層の弾力的運用，③親の意向の事前聴取・不服申し立ての仕組みの整備，などの工夫を提言している。これを受けて，当時の文部省は，昭和62年5月に「臨時教育審議会『教育改革に関する第三次答申』について」と題する通知を出して，地域の実情に即してこの制度の運用について検討することを市町村教育委員会に求めたのである。つまり，現行の就学校指定制を踏まえながらも，その運用を弾力的に扱い，各人（子どもと保護者）が自ら進学すべき学校を選択できる範囲を拡大することが重視されたのである。

その後，国の行政改革委員会は，平成8年12月に，「規制緩和の推進に関する意見（第二次）」を公表し，臨教審の提言が十分実現されておらず，また，これまでの就学校指定制度が保護者の意向を十分保障するに至っていない実態を指摘した上で，政府に対して，前述の文部省通知の趣旨を市町村へ徹底させ，学校選択の弾力化のための多様な工夫についての指導を行うよう求めた。この「意見」では，特色ある学校づくりの推進という観点から学校選択の実現を強く要請していたのである。なぜなら，学校選択の弾力化は，学校の選択そのものを目的とするのではなく，選択等の手段を通じて，各々の子どもに合った自主的精神や個性を伸長する魅力的な教育が受けられる状態の実現を目的とする

ものだからである。その場合，多様な子どもの個性に合致した学校が用意される必要があり，その意味で各学校は画一性を改め，特色づくりに努めることが大切だというのである。

翌平成9年10月，文部省（当時）は『通学区域制度の運用に関する事例集』[1]を公表し，次のような事例を紹介している。

> 第1章　地理的理由による事例
> 第2章　身体的理由による事例
> 第3章　いじめ，不登校等教育的配慮による事例
> 第4章　その他個別事情に配慮した事例（家庭の事情，外国人・帰国児童生徒の受入体制など）
> 第5章　制度的に就学校の変更又は区域外就学を行った事例
> 第6章　制度の仕組みについての周知及び相談体制・活動

しかしながら，これら事例においては，特定の児童・生徒や特定の学校（小規模校など）に限って学校選択を可能にするものを取り上げているのであって，一般的な児童・生徒の保護者の意向を受けとめるための選択制ではなかった。言うまでもなく，この時点で，文部省は，現在各地で見られるようになった一般を対象にした学校選択制の実施の呼び水となるように，関連事例を収録し，その情報提供に努めた訳である。

② 就学校の指定と変更

文部省『通学区域制度の運用に関する事例集』は，就学校の指定と変更に関して，次のように解説している。

> 　児童・生徒の就学すべき学校については，児童・生徒の住所地の市町村教育委員会が就学すべき小学校又は中学校を指定することになっている。
> 　通学区域に基づいた学校に通うことが，地理的理由等から必ずしも保護者の意向に合致しない場合もあることから，現行法令では，保護者の申立により，市町村教

> 育委員会が相当と認めるときには、市町村内の他の学校に変更できることとなっている。

(2) 従来の通学区域の弾力的運用

　従来から調整区域を設けて、通学区域の境界線付近に居住する児童・生徒については隣接通学区域校への就学を認める制度も実施されてきた。通学距離や交通の便・安全等に配慮した、いわば地理的理由による就学校の変更である。

　また、身体的理由としては、特殊学級や通級指導、院内学級などへの就学のための指定校変更も一般に認められてきた。さらに、いじめや不登校などの教育的配慮に基づく指定校変更も以前から行われ、両親の離婚や親の病気など家庭的な事情を理由とした指定校の変更も可能とされている。特に、いじめ等を理由とするケースについては、昭和60年7月に文部省が通知を発して以来、いじめ解決の一手段として指定校変更が広く行われるようになった。

　筆者らが昭和60年6月～8月に、東京都市区町村教育委員会を対象に実施した調査[2]によると、指定校変更を認めた理由として、「転居」を指摘した教育委員会は71～95％（最終学年か学年途中かなど詳細な理由によって異なる）と最多で、「地理的条件」については22～31％にとどまっていた。また、「友人関係」のうち「自閉症的子ども」の場合について指定校変更を認める教委は26.7％で、「家庭の事情」のうち「共稼ぎや一人親家庭」の場合には17.8％に過ぎなかった。

　前記した昭和62年の文部省の通知よりも2年前に実施された調査であるため、このデータからは、その当時には就学校（指定校）の変更がきわめて例外的な措置であった様子がうかがえる。

　しかしながら、現在は、就学校の変更は例外的な措置ではなく、保護者の権利を積極的に受けとめる施策に変容してきたといってよい。東京都品川区や同日野市などでの導入は、その典型例だと思われる。

2．今，なぜ学校選択制なのか

> 【背景】
> 　今日の学校選択制は，以下のような背景のもとで導入されるようになった。
> (1) 保護者の学校選択権の尊重
> (2) 不登校やいじめ問題の解決
> (3) 特色ある学校づくりと地方分権化
> 　このうち，特色ある学校づくりの観点は，学校と家庭・地域との連携を促す要因になると考えられる。

(1) 保護者の学校選択権の尊重

　これまでの通学区域制度に基づく就学校の指定のもとでは，保護者がわが子の就学すべき学校を原則として選択できなかった。この前提には，公立小・中学校は教育水準が一定程度担保されているという要件があった。しかし，実際には，わが子が学校の雰囲気や担当教師の性格と必ずしも合わない場合があったり，いじめなどのように学校の友人関係でつまずく場合も珍しくない。また，指導困難校を就学すべき学校に指定されたときにも，そのことを理由に他の学校に就学することがなかなか認められなかった。だが，就学校は1校であるため，なにか問題が起こっても他校への転校が現実的にはきわめて困難である。

　そこで，都心部をはじめ，保護者の中には私立学校にわが子を託す傾向が強まり，公立校離れが徐々に広がりをみせるようになる。そうした背景のもとで，経済界からは，教育クーポン制，つまりヴァウチャー制を導入すべきだという見解も現れるようになったのである。わが国の現状においては，ヴァウチャー制の実施は困難であろうが，次第に保護者の学校選択権を認めようとする気運が強まっていった。

　ところで，堀尾輝久氏は，公立学校に保護者がわが子を委ねるという構造について，親の教育権の共同委託の観点から理論的に説明しているが[3]，この保

護者の教育権の共同委託は学校選択制によってより具体化されることになる。

(2) 不登校やいじめ問題の解決

すでに述べたように昭和62年の文部省通知以来，いじめ等の問題解決の手段として指定校の変更が広く認められるようになった。児童・生徒の学校での人間関係のもつれがなかなか解決できない時には，被害児童・生徒を保護する観点から，彼らを他校に転出させることが一つの解決策として認識されるに至ったのである。その後，文部省の調査研究協力者会議の報告では，加害児童・生徒を他校に転出させるという考え方もとられるようになった。

なお，前記の行政改革委員会「意見」は，「指定された学校以外の選択は困難という硬直した状況から，自らの意思で多様な価値の中から選択できる状況になるということは，選ぶ側の意識を柔軟にするとともに責任感を生じさせ，ひいては，逃げ場がないために生じている不登校の問題の解決にも寄与していくと考えられる」と述べるように，不登校問題解決の一方策としても就学校変更の意義が主張される。

(3) 特色ある学校づくりと地方分権化

臨教審第三次答申は，学校選択をできない状況が「学校教育の画一性，硬直性，閉鎖性と子供の自主的精神・個性の伸長を妨げる一因となっている」と述べ，行政改革委員会「意見」は，「子供が自己を確立しながら多様な価値を認め合い，それぞれのびのびと学習するためには，特色ある学校づくりを進めていかねばならない」と述べた。

今日の，学校選択制は各学校における特色づくりと連動することによって，より意義を増してくる。なぜなら，各学校が画一的であれば，学校選択制は単なる地理的・身体的・人間関係的な事由による就学校以外への就学という意味しか持たないからである。しかし，各学校が様々な創意工夫により特色づくりを行えば，学校選択のメニューが多様になるため，わが子の個性や適性に最も合致した学校に巡り合う可能性が高まってくる。

その特色づくりは学校の自主性・自律性の尊重を前提としている。この学校の自主性・自律性の確立は，国や教育委員会の権限を各学校に委任する方向で導きだされた考え方で，国の「地方分権委員会くらしづくり部会」の検討事項の一つであり，第16期中央教育審議会答申「地方教育行政」において提言された内容の一つでもある。

葉養正明氏は，学校選択と地方分権との関係を次のように論じている。すなわち，「各学校が個性化を進め『学校の特色づくり』が進行すれば，子どもや保護者に学校選択の自由を，という要請は自然に生まれる。こうして，教育の規制緩和の流れに兆す『学校選択の弾力化』は，地方分権の流れからの『学校の自主性』の拡大と親和的に重なり，『学校選択』をめぐる今日の大きな潮流に結びつくことになった」[4]と。

このように，学校選択制は各学校の特色づくりを前提とすることによって積極的な意義を有するようになり，学校に地域との連携による特色づくりを促すことになるといえよう。

3. 学校選択制のタイプと現状

【学校選択制のタイプ】

通学区域の一層の弾力化による学校選択制には次のような3タイプがある。
①完全自由制…区市町村内のすべての小学校，中学校から自由に選択できるようにするタイプ
②ブロック制…区市町村内の小学校，中学校を複数の学校からなるブロックとし，ブロック内の学校から選択できるようにするタイプ
③隣接校選択制…指定を受けた学校およびその学校に隣接する他校を含めた複数の学校の中から選択できるようにするタイプ

(1) 学校選択制のタイプ

現在の学校選択制と呼ばれる施策にはいくつかのタイプが見られる。まず，

東京都品川区の中学校や足立区の小・中学校の場合のように、区内全域ですべての学校を選択できる完全自由制がある。これは無条件で保護者の選択権を認めるもので、最も完全な形の選択制になる。

次に、市区町村内を地理的条件により複数のブロックに分けて、各ブロック内にある複数の学校を選択させるブロック制がある。品川区では小学校の場合にこのタイプが適用されている。多くの学校を有する地域や広い面積を持つ地域に導入されているものである。

そして、就学校に隣接する他の学校に限って選択メニューとして認める隣接校選択制がある。これは、主に児童・生徒の通学距離を重視した場合や選択制の問題点を配慮した場合などに採られるタイプで、従来の「調整区域」の設定を拡大した方法だといってよい。

表2　学校選択制のタイプ

完全自由制	区市町村内のすべての小中学校を選択できるもの。区市町村住民であれば、通学距離にかかわらず、どの学校でも選択できる点にメリットがあるが、通学時間の増大やその安全性の確保、特定校への希望者の過度の集中などの問題点が指摘される。
ブロック制	区市町村内をいくつかのエリアに分けて、そこにある複数の学校をまとめてブロックに位置づけ、ブロック内の学校に就学指定されたものがその中の複数の学校から進学すべき学校を選択できるようにするもの。
隣接校選択制	就学指定を受けた学校に隣接する複数の学校の中から進学すべき学校を選択できるようにするもの。

現在、選択制を実施している各地方公共団体にはこれらのいずれかのタイプを見ることができる。以下、学校選択制の現状を見ていくことにしよう。

(2) 学校選択制の現状

東京都品川区と同日野市は、全国に先駆けて通学区域の弾力化による学校選

択制の実施に挑んだ。品川区は平成12年度から小学校を4ブロックの地区に分け，ブロック内の小学校に就学指定を受けた保護者はブロック内に存在する複数の小学校を選択できるような通学区域弾力化を推進し，翌13年度の新入生からは区立全中学校から進学校を選択できるようその弾力化を中学校にまで拡大させた。日野市は，平成12年度からまずは中学校で弾力化を図り，翌13年度からは小学校を8ブロック，中学校を4ブロックに分けて，進学校を選択できるよう弾力化を一層進めたところである。

　品川区の中学校を除くと，いずれもブロック制という，いわば限定付きの選択制の方法を導入したものだが，東京都の足立区および江東区は，小学校と中学校ともにすべて完全自由化にしたのである。足立区は，「学校選択の自由化懇談会」の提言を受けて実施したもので，ブロック制が学校選択制の自由化を制限するものであることから完全自由化を打ち出した。また，江東区は，現在，指定校変更によって区内の遠い学校に通学する子どももいるが，ブロック制のもとではかえってそうした子どもの選択権が制約されることになるため，完全自由化の導入に踏み切ったのである。

表3　学校選択制の現状

	小学校 完全自由制	小学校 ブロック制	小学校 隣接校選択制	中学校 完全自由制	中学校 ブロック制	中学校 隣接校選択制
足立区・江東区	○			○		
品川区・日野市		○		○(品川)	○(日野)	
豊島区			○			○
杉並区・目黒区（計画中）	—	—	—			○
岐阜県穂積町	—	—	—	○		
三重県紀宝町	○			—	—	—
福岡県穂波町	○					

（3） 東京都品川区と足立区の学校選択制——特色ある学校づくりの観点から

　ここでは，品川区および足立区の場合を例に取り上げておこう。

　品川区は，平成10年に，品川区第三次長期基本計画策定準備の中で通学区域の自由化の検討を試み，このことを視野に入れながら学校公開を全小・中学校で実施した。翌11年には，「品川の教育改革『プラン21』」[5]を策定し，ここに学校選択制を盛り込んだ。同年9月，教育委員会はとりあえず小学校の通学区域のブロック化を定め，区内4ブロック単位の学校選択制を導入することとした。同11年10月に保護者に希望申請書を送付するとともに，全小学校で学校公開を実施した。そして，同12年4月には，初の学校選択制による新入生が区内の小学校に入学したのである。

　結果として，1,800人のうち230人（約13%）が学校選択制を活用して指定校を変更している。最も人気が集中した小学校は大井第一小学校で，約100人の新入生のうち半数が転入児童という状態になった。この小学校は受験にも強いといわれる伝統校で，元来，区域外就学児童の多かった学校だといわれる。

　同区は，小学校に引き続いて，平成13年度入学者から中学校でも学校選択制を実施することとした。平成13年1月現在，1,600人の入学予定者の約24%に当たる390人が指定校を変更する手続きをとった。通学区域外からの希望者が最も多かったのは，戸越台中学校であったが，施設の関係から抽選により希望者の半数である30人の就学を認めている。

　それでは，保護者らはどのような基準で学校を選択したのだろうか。同区が実施した保護者および児童を対象にしたアンケート調査[6]によると，小学校の場合，「学校の近さや通学のしやすさを考えた」と回答した保護者（指定校を変更しない者も含む）が最多で，全体の約66.1%であり，次いで「兄弟が通学しているから」（32.9%），「地元の学校だから」（29.5%）となっている（平成14年調査）。「特色ある教育活動を考えて」（7.8%），「伝統や校風」（6.5%），「中学校の進学を考えて」（3.6%）などの回答は意外にも少ない。

　一方，中学校の場合，保護者の回答によれば，「学校の近さ」（46.9%），「本

人の希望」(37.8%),「地元の学校」(33.6%),「子どもの友人関係によって」(24.2%) の順である。中学校の場合には,生徒本人の意思が全面に出てくる傾向が読み取れる。ただ,この場合も,「伝統や校風」といった回答は少ないが,「高校・大学の進学」(14.2%) についてはやや数値が高くなっている。

　小学校6年生自身の回答をみると,「学校まで近く」という回答が最多なのは変化していないものの,「自分の学力と合っている」(11.1%),「進学」(9.6%) などの回答が若干高めになっている。予想どおり,学力や進学など勉学面を意識して学校を選択する者が増えてきているようである。

　これらのデータからわかることは,小学校と中学校で共に,地理的条件や兄弟の通学など学校をめぐる外的条件を選択の基準する傾向があるのに対して,教育活動など内的条件が主たる基準になっていないことである。ただし,中学校段階の選択になると,進学など教育の内実にかかわる条件も次第に意識されてくるのである。

　このような傾向は,おそらく品川区に限ったものではなく,他の地域においても同様に指摘できる実態だと推測できる。

　そこで,平成13年度(平成14年4月入学者から適用)から完全自由制で実施した東京都足立区の場合をみると,学区域外の学校を選択した場合(児童・生徒および保護者の回答)は,小学校17.7%,中学校25.0%であった(足立区教育委員会『学校選択制度に関するアンケート集計結果』平成14年7月。調査対象数＝小学校4,449票,中学校3,342票)。品川区の数値と大きく変わらないが,小学校ではそれよりもやや高めの数値を示している。

　学校を選択した理由(指定校入学者を含む)では,「学校が近い」(小学校68.7%,中学校60.5%),「学区域だから」(小41.7%,中36.2%),「兄や姉が通学」(小31.5%,中17.7%),「友達関係」(小29.9%,中47.3%) と回答した者が多い。また,区域外の学校を選択した者に限ると,その理由について,小学校の場合は「友達関係」が最多の8.8%で,次いで「学校が近い」の6.7%となる。中学校の場合にもやはり「友達関係」が最多で14.0%となるが,第2位は「部活動」の7.6%となっている。なお,「学校が近い」は6.0%で第3位にランクし

ている。いずれの場合も，「教育方針」など教育活動の内実にかかわる理由を指摘した者は少なく，小学校1.6%，中学校4.1%にとどまるが，中学校になるとその数値が若干高くなっている。

　品川区とは調査項目と調査方法の違いがあるので単純に比較できないが，足立区の場合も品川区とおおむね同様の傾向が見られるものと思われる。つまり，教育内容よりも，むしろ地理的条件や人間関係が優先されて学校が選択されているようなのである。

　しかしながら，特色づくりが学校選択と無縁だというわけではない。いずれも学校選択制度導入初期であるため，各学校の特色が十分つくられていないことがその原因だと考えられるからである。今後，各学校が特化をめざし，独自性を示すことができるようになれば，学校の特色は選択のための有力な基準に十分なりうることが予想されるのである。

<参考資料>　平成14年度品川区「『通学区域の弾力化』に関するアンケート調査結果について」

Q　どのような基準で小学校を選びましたか？（複数回答可）　回答；小学校1年生の保護者

		（平成14年度）		（平成13年度）	
		（回答数）	（回答率）	（回答数）	（回答率）
1	学校の近さや通学のしやすさを考えて	1115	66.05%	1278	77.78%
2	兄妹が通学しているから	555	32.88%	624	37.98%
3	地元の学校だから	498	29.50%	477	29.03%
4	子どもの友人関係によって	337	19.96%	425	25.87%
5	いじめや荒れがなく，児童が落ち着いているから	337	19.96%	97	5.90%
6	親・祖父母の出身校だから	232	13.74%	296	18.02%
7	学校公開での印象から	182	10.78%	255	15.52%
8	親の仕事関係から	160	9.48%	31	1.89%
9	その他	136	8.06%	38	2.31%
10	学校での特色ある教育活動を考えて	131	7.76%	293	17.83%
11	テレビ・新聞等の報道から	110	6.52%	5	0.30%
12	学校の伝統や校風から	109	6.46%	132	8.03%
13	児童数が多い学校または少ない学校だから（多い学校）			221	13.45%
	（少ない学校）	109	6.46%	42	2.56%
14	教職員の熱意，チームワークが良いから	99	5.86%	164	9.98%
15	地域の保育園・幼稚園等での評価から	86	5.09%	148	9.01%
16	学校の施設や整備の面から	66	3.91%	101	6.15%
17	中学校の進学を考えて	60	3.55%	70	4.26%
18	本人の希望を尊重して	39	2.31%	—	—
19	クラブ活動の状況から	6	0.36%	16	0.97%
20	指定校に入学したくないから	2	0.12%	—	—

7章

学校選択制と通学区域の弾力化

Q どのような基準で中学校を選びましたか？（複数回答可）　回答；小学校6年生の保護者

		（平成14年度）		（平成13年度）	
		(回答数)	(回答率)	(回答数)	(回答率)
1	学校の近さや通学のしやすさを考えて	725	46.90%	1055	71.43%
2	本人の希望を尊重して	584	37.77%	790	53.49%
3	地元の学校だから	518	33.51%	473	32.02%
4	子どもの友人関係によって	374	24.19%	735	49.76%
5	兄妹が通学しているから	306	19.79%	351	23.76%
6	高校や大学の進学を考えて	219	14.17%	57	3.86%
7	いじめや荒れがなく，生徒が落ち着いているから（落ち着き）			448	30.33%
	（いじめ）	203	13.13%	255	17.26%
8	学校の特色ある教育活動（習熟度別学習等）を考えて	192	12.42%	132	8.94%
9	学校の伝統や校風から	171	8.79%	59	3.99%
10	スポーツ面での部活動の状況から	126	8.15%	242	16.38%
11	教職員の熱意やチームワークが良いから	120	7.76%	154	10.43%
12	親・祖父母の出身校だから	111	7.18%	199	13.47%
13	学校の施設や整備の面から	104	6.73%	111	7.52%
14	学力面を考えて	94	6.08%	44	2.98%
15	生徒数の多い学校または少ない学校だから（多い）			109	7.38%
	（少ない）	77	4.98%	12	0.81%
16	その他	75	4.85%	9	0.61%
17	指定校に入学したくないから	67	4.33%	―	―
18	男子校または女子校だから	23	1.49%	―	―
19	標準服のデザインが気に入ったから	9	0.58%	36	2.44%
20	校則の内容を見て	7	0.45%	16	1.08%

Q どのような基準で中学校を選びましたか？（複数回答可）　回答；小学校6年生の児童

		（平成14年度）		（平成13年度）	
		(回答数)	(回答率)	(回答数)	(回答率)
1	学校まで近く，通学のしやすさから	806	52.13%	962	65.13%
2	友人関係によって	519	33.57%	867	58.70%
3	地元の学校だから	444	28.72%	229	15.50%
4	兄妹が通学しているから	356	23.03%	329	22.27%
5	スポーツ面での部活動の状況から	244	15.78%	340	23.02%
6	学校の施設や整備が良く，充実してると思ったから	200	12.94%	92	6.23%
7	自分の学力と合っていると思うから	171	11.06%	40	2.71%
8	親の意見を参考にして	151	9.77%	173	11.71%
9	高校や大学の進学を考えて	148	9.57%	32	2.17%
10	いじめや荒れがなく，生徒が落ち着いているから（落ち着き）			247	16.72%
	（いじめ）	132	8.54%	117	7.92%
11	学校の伝統や校風から	116	7.50%	27	1.83%
12	指定校に入学したくないから	102	6.60%	―	―
13	親・祖父母の出身校だから	89	5.76%	146	9.88%
14	標準服のデザインが気に入ったから	69	4.46%	69	4.67%
15	学校の特色ある教育活動（習熟度別学習等）を考えて	65	4.20%	39	2.64%
16	男子校または女子校だから	65	4.20%	―	―
17	生徒数の多い学校または少ない学校だから（多い）			104	7.04%
	（少ない）	58	3.75%	15	1.02%
18	先生達の教え方に熱意を感じたから	45	2.91%	38	2.57%
19	その他	34	2.20%	1	0.07%
20	校則の内容を見て	14	0.90%	14	0.95%

4. 通学区域弾力化と特色ある学校づくりの課題

> 【取り組みのポイント】
> (1) 地域連携を生かした特色ある教育づくりを充実させる
> (2) 従前の通学区域を基盤にした地域との連携を推進していく
> (3) 通学区域外の児童・生徒の経験も生かした取り組みへの配慮を欠かさない

　前述のように，現段階の品川区においては，特色ある教育活動や校風など学校の内的条件を選択基準にしている傾向は読み取れないが，そもそも特色づくりの取り組み自体が開始まもないため，各学校に十分根づいていないことが原因だと思われる。また，実際には，地元の学校や通学に便利な学校が選ばれる傾向があるように，学校選択制によって学校と地域コミュニティとの関係が希薄になるとは考えられにくい。

　そこで，学校選択をめぐる今後の課題は，これまでの各章で述べてきたように，地域との連携を通していかに特色づくりに努めるかということに集約できそうである。具体的には，以下の課題が考えられる。

(1) 地域連携を生かした特色ある教育づくりの充実

　すでに述べたように，特色ある学校づくり，特色ある教育づくりは，学校だけで取り組むのではなく，あくまでも地域との連携を図りながら進められるのが望ましい。教育委員会の方針による特色づくりを進めても，地域との関係性が希薄であれば，むしろ特色が画一化する可能性があるからである。特色とは，地域の特性を最大限生かし，その資源をふんだんに取り入れることによってより鮮明になるはずである。

　そうした特色はいずれ学校選択の基準になるであろうから，その意味で，地域との連携による特色ある学校づくりが課題になるといえよう。

(2) 従前の通学区域を基盤にした地域との連携の推進

　その場合，一般的な学校と同様に，選択制下の各学校においても，地続きの地域を基盤にしながら，そこに住む住民や保護者等の人材を生かしたり，地域環境を取り込み，また，児童・生徒の地域体験活動の機会を周辺地域に求めながら地域の実態に応じた特色ある教育活動に努めることが求められる。つまり，当該学校にとっての地域とは，選択制のもとであろうと，そうでなかろうと，通学区域を単位とした地域であることに変わりはないのである。

(3) 通学区域外の児童・生徒の経験も生かした取り組みへの配慮

　ただし，通学区域外から通学する児童・生徒の生活基盤を無視してよい訳ではない。むしろ，それら児童・生徒が住む他の地域の資源や環境を生かし，通学区域内の児童・生徒の経験をより豊かにし，同時に，通学区域外の児童・生徒に学校周辺地域との交流を促せば，一石二鳥の効果が得られるはずである。また，このような教育的配慮は，市区町村単位を地域としてとらえる眼を培い，児童・生徒の視野を拡大するにもよいチャンスになる。

　繰り返し述べることになるが，以上のように考えれば，学校選択制は学校と地域との関係性を決して弱めるものではなく，かえって学校と地域との連携による特色づくりを促す機会になるのである。事実，品川区の若月秀夫教育長は，「学校選択制を導入する前と後では，学校の姿勢が見違えるくらいに変わった」と評価し，各校で特色づくりが進んだと述べている[7]。むろん，このことは品川区に限ったことではないはずである。

〔註〕
1) 文部省『通学区域制度の運用に関する事例集』東洋館出版社，1997年10月
2) 岩崎正吾・佐藤晴雄・坂本孝徳・前田耕司「通学区域改正の要因とその手続きに関する実態調査──東京都市区町村の場合」『日本教育行政学会年報』第12号，1986年，pp.105-126
3) 堀尾輝久『現代教育の思想と構造』岩波書店，1971年，p.32
4) 葉養正明「学校選択・学区自由化がたどりつくところ」，児島邦宏・天笠茂編『2010年の学校を探る（学校経営を変える管理職の条件　第1巻）』ぎょうせい，2001年，p.36

5) 品川区教育委員会『品川の教育改革　プラン21（第2版)』2002年6月
6) 品川区教育委員会「平成14年度『通学区域の弾力化』に関するアンケート調査結果について」学務課，2002年7月
7) 「品川区教育長インタビュー『学校選択制』導入で教師の意識がこんなに変わった」『論座』朝日新聞社，2001年11月号，

8章　地域生涯学習の推進

学校と家庭・地域との連携・協働による地域生涯学習の開発

1．生涯学習における学校の役割

> 【定義】
>
> 　生涯学習とは，自己の充実や生活の向上のために，各人が自発的意志に基づいて，自己に適した手段・方法を自ら選んで生涯を通じて行うものである。
> 　その生涯学習において，学校が果たすべき役割には，①生涯学習の基礎づくり，②生涯学習の機会の提供，がある。
> 　従来，生涯学習の基礎づくりは主に小・中学校に期待され，生涯学習の機会の提供は高等学校や大学に期待される役割であった。しかし，最近では，地域との連携を推進するために，公開講座を実施して生涯学習の機会提供を積極的に進める小・中学校も増えてきている。

（1）　生涯学習とは何か

　今日，生涯学習という概念は人々の間にも定着してきており，その活動も普及してきている。総理府の世論調査（平成11年実施）によれば，生涯学習という言葉を聞いたことのある人は74％に上り，その活動をしたことのある人は44.8％である[1]。この数値からも生涯学習が今日の大きな教育課題の一つであることがわかる。

　さて，生涯学習に関する定義は，昭和56年の中教審答申「生涯教育について」に記されているものが今日でも通用している。その定義とは，「自己の充実や

生活の向上のために，各人が自発的意志に基づいて，自己に適した手段・方法を自ら選んで生涯を通じて行うもの」とされる。そして，この生涯学習のために，「自ら学習する意欲と能力を養い，社会の様々な教育機能を相互の関連性を考慮しつつ総合的に整備・充実しようとするのが生涯教育の考え方」だというのである。

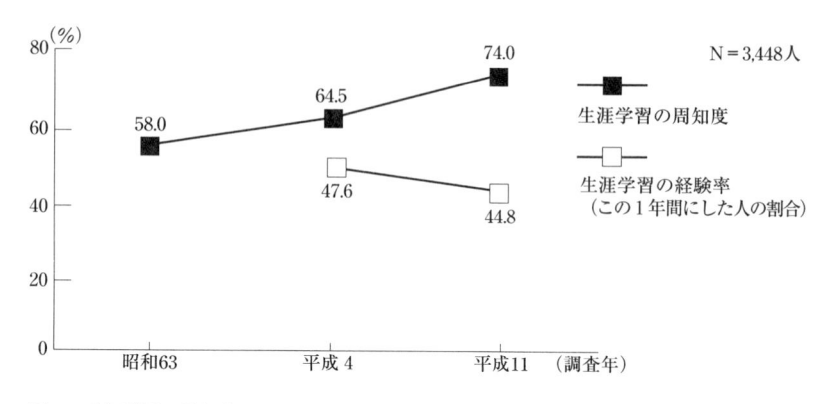

図13　生涯学習の周知度と経験率—総理府世論調査（平成11年）

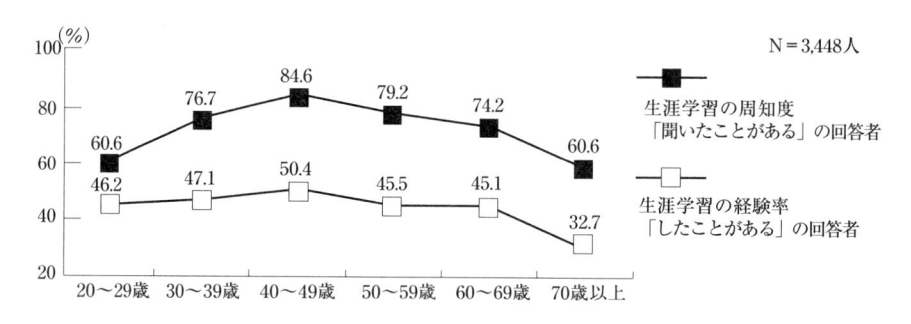

図14　生涯学習の周知度と経験率（年代別）—総理府世論調査（平成11年）

この定義からわかるように，生涯学習（当時は，生涯教育）の考え方はわが国の社会教育に近い概念であることから，昭和40年代中頃には社会教育行政と緊密な関係を有していたのである[2]。ところが，臨教審答申が「生涯学習体系

への移行」を提言すると，生涯学習と学校教育の関係も次第に注目されるようになる。この答申の後の平成2年に，当時の文部省の社会教育局は生涯学習局に組織変更されたが，この頃から各地方公共団体では「生涯教育」から「生涯学習」へとその用語を変更していったのである。

(2) 生涯学習における学校の役割

平成2年に中教審答申「生涯学習の基盤整備について」が公表されているが，そこでは生涯学習における学校の役割を次の2点に求めた。

> ① 人々の生涯学習の基礎を培うことである。このことは，とりわけ小学校，中学校や幼稚園の段階で重要である。生涯学習の基礎を培うためには，基礎的・基本的な内容に精選するとともに自ら学ぶ意欲と態度を養うことが肝要である。
> ② 地域の人々に対して様々な学習機会を提供することである。このことは，とりわけ大学・短期大学，高等専門学校や専修学校に対して要請される。このような要請に応じて今日では，社会人を受け入れたり各種の公開講座を開催するとともに，図書館や体育館・運動場等の施設を地域の人々の利用に供する動きが広まりつつある。

学校段階によってその役割・期待が異なるようだが，現在ではその役割の差が縮まってきている。特に，生涯学習の場と機会の提供については小学校や中学校でも取り組みが開始されるようになり，たとえば，余裕教室や図書室の一般開放や地域対象の公開講座の開催などが幅広く取り組まれている。一方，大学等においても学力低下の影響もあって，生涯学習の基礎づくりは無縁だとはいえない情勢にある。

なお，生涯学習の基礎づくりの内実に関しては，今日の「生きる力」の考え方につながっているといってよい。

(3) 家庭・地域連携による生涯学習の推進

さて，生涯学習において学校は以上の二つの役割を果たしていくために，家庭や地域と積極的に連携していくことが重要になる。生涯学習の基礎づくりを

進めるためには，家庭や地域の教育資源を積極的に活用しながら，多様な学習活動を展開することが不可欠になるからである。そして，生涯学習の場と機会の提供を行うためには，教師の教育力や学校施設を地域が活用できるよう配慮しなければならないからである。つまり，前者については学校が家庭や地域に協力を要請し，後者については学校が家庭や地域にサービスしていくという関係になる。その意味での学校と家庭・地域との連携が強く期待されるのである。

2．地域生涯学習の推進のための取り組みの視点

> 【視点】
> 　小・中学校における生涯学習の基礎づくりの実践については，①基礎・基本の徹底，②学ぶ意欲・態度の形成，③学び方の指導，などの取り組みが期待される。
> 　一方，生涯学習の機会の提供に関しては，①学校施設の開放，②学校機能の開放，③学校制度の開放，などの取り組みが求められる。

(1) 生涯学習の基礎づくり

　それでは，なぜ，生涯学習の基礎づくりが必要なのであろうか。

　いくつかの調査結果によれば，教育を受けた量が多く，その期間が長い者（高学歴者）ほど学校を終えた以降も，社会の中でますます学ぶ機会が多く，反対に，それが少なく，短い者は学習する機会に接するチャンスが少ないという傾向が指摘されている。この傾向は，「education more education の法則」と呼ばれる[3]。そうだとすると，生涯学習施策が進展すればするほど，人々の間に教育格差が次第に拡大することが懸念される。

　教育の量が少なく，その期間が短い者は，そうでない者に比べて，なぜその後学習を続けにくくなるのだろうか。おそらく，教育に対する抵抗感の存在のためか，学習意欲が低く，また学習に対する態度が消極的なのであろうが，それに加えて，自主的に学習を進めるための基礎・基本が不十分であったり，学習の仕方が確実に身についていないこともその原因として考えられる。したが

って，人々が生涯にわたって学習を行うためには，青少年の時期から学習に関する資質・能力を身につけていなければならないのである。この資質・能力こそが生涯学習の基礎である。

その生涯学習の基礎は，①生涯にわたって学習を続けていくために必須の基礎・基本的な知識・技術，②学び続けるための学習意欲や態度，③資料収集や調査など学習方法に関する能力，などに具体化されるであろう。それでは，これらの育成にどう取り組むべきか。家庭・地域との連携の視点から，その取り組みの視点を探ってみよう。

① 基礎・基本の徹底

基礎・基本とは，単純に考えれば，３R's（読み・書き・計算）のことを意味するが，これ以外にも各教科に関する基礎知識・技術も含まれる。これら基礎・基本は，あらゆる学習活動の基本になるものであるから，学校では重点的に指導していくことが求められる。むしろ，学校ではある程度厳しいトレーニングを展開することも辞してはならない。

そのためには，地域の学校支援ボランティアを活用したＴＴによる少人数指導や補習指導の実施，習熟度別指導や繰り返し学習の指導などのほか，家庭との連携に関しては保護者の協力を得た自宅学習の充実などの実践が期待される。

② 学習意欲・態度の形成

地域学習サークル等に参加している成人学習者の多くは学習に楽しみを感じている。「学習」を「楽習」と言い換えたりするのもそうした傾向を象徴している。彼らは，問題解決の喜びや課題達成の充実感，学習者相互の交流などによって学習意欲を形成し，学習態度を良好にしているのである。

学校でも児童・生徒に，成人学習者に見られるような学習の意欲と態度を培うことが大切である。その場合，特に児童・生徒と地域の成人学習者との交流を図りながら，成人が持つ学習意欲・態度を児童・生徒に伝えていくのが有効である。たとえば，学校支援ボランティアの活用，公民館や福祉施設等での校外学習，学校行事の地域との共催，学習サークルとの合同学習などを展開していくのが適切だと思われる。

③ 学び方の指導

「生きる力」は，学び方の習得を重視しているが，前述のように，これは生涯学習の基礎づくりにおいても重きをなす。生涯にわたって学び続けるためには，基礎・基本や学習意欲・態度があっても，どう学んだらよいかがわからなければ実行しにくいからである。たとえば，資料の所在をどう突き止め，これをどう活用すべきか，データ収集のための調査をどう進めるか，資料やデータをどう適切に解釈するかなどにかかわる能力や技法は，自主的な学習を行うときに不可欠になる。

現在，「総合的な学習の時間」を中心に学び方の指導が展開されているが，その場合にも，地域の自然環境や文化環境，各種施設，専門的人材などを積極的に取り込みながら体験的な学習を導入することが大切だといわれる。その意味で，学校は地域，あるいは家庭との連携を進める必要がある。生きた学習こそが学び方を習得させるために最適だと考えられるからである。

(2) 生涯学習の場と機会の提供

以上の取り組みは，どちらかといえば，学校が家庭や地域の力や資源を取り込んでいくという視点に属するが，一方，学校は家庭や地域に対してサービスを展開していくことも大切である。つまり，学校施設の開放，学校機能の開放，そして学校制度の開放を通して，地域に生涯学習の場と機会を提供していくのである[4]。

① 施設の開放

学校の施設，具体的には普通教室・余裕教室，特別教室，校庭，体育館，図書室などを地域生涯学習の場として提供するための開放が要請されている。学校は地域住民にとって精神的にも地理的にも最も身近な場だからである。

最近，学校施設の一部を地域生涯学習の専用施設や共用施設（プールや体育館，図書室などの例が多い）に位置づけるところや一時的な開放部分を拡張する動きが著しい。専用施設として開放する例には，東京都中野区「地域生涯学習館」や神奈川県横浜市「コミュニティハウス」（開放型を含む），京都府京都

市「学校ふれあいサロン」などがある。共用施設としての開放には，東京都杉並区立第十小学校の屋内プールが学校プールと区民プールの共有とされている例や，青森県相馬村立相馬中学校の体育館が地域の体育センターとして住民と共有されている例が指摘できる。また，福岡県小郡市の「のぞみがおか生楽館」は特別教室を学校と地域で共用するものである。大阪府大阪市「生涯学習ルーム」は余裕教室または特別教室等を開放し，学習の場を提供するとともに講座を実施する事業である。このうち小郡市の例は学校と地域の共用を前提とする施設であり，従来の「開放」とは異なっている[5]。大阪市の例は，余裕教室のないところでは学校施設を開放する形で施設を提供し，余裕教室を有する学校では既存施設を生涯学習に転用するという形をとっている。

むろん，施設管理の問題から施設開放がなかなか進展しない学校もある。しかし，学校が地域の資源や教育力を活用するようになれば，当然，その見返りとして，学校は地域の学習活動等に施設を開放していくことが必要になる。換言すれば，学校が地域に施設開放などによってサービスしなければ，家庭や地域の協力姿勢はなかなか得られにくいと考えた方がよいだろう。

② 機能の開放

機能の開放とは，学校が有する教育機能を外部の利用に供することをいう。具体的には，教職員が地域の学習活動を指導したり，地域の青少年育成活動の助言者になり，また教職員を講師にした公開講座を実施することなどがある。また，学校が持っている研究成果や教育機器・資料を地域活動のために活用してもらうことも機能の開放に含まれる。

現在，小・中学校においても機能の開放が進んでいる。なかでも，公開講座を積極的に推進している学校は珍しくない。たとえば，神奈川県藤沢市立長後中学校の「にぎわい講座」は，希望する教職員が関連教科の授業を保護者や住民に対して実施する公開講座である（事例編，p.180参照）。同じく藤沢市立第一中学校ではパソコン講座を地域住民を対象に実施しているが，ここでは生徒が講師として活躍している（事例編，p.178参照）。また，宮城県仙台市立南光台東中学校の「ふれあいの鎌田屋」のように，教職員等を講師として実施する「出

前講座」を提供している事例も見られる。

それらの公開講座等は教職員の希望を募って実施されているため、無理のない形で行われているようである。保護者や地域住民にとってもこれらの講座等は生涯学習の身近な機会として受け入れられている。

③　制度の開放

大学の社会人入学など学校の制度自体を社会に開放するタイプである。したがって、小・中学校ではなかなか取り組めないものであるが、学校が通常の授業を保護者や地域住民にも学習機会として開放する取り組み程度なら可能であろう。

たとえば、東京都品川区立荏原第一中学校の公開講座は生徒と保護者・住民とが席を同じくして教師の指導を受けるユニークな事例の一つである（事例編、p.176参照）。その一つである国語科の授業では漢字検定の取得をめざした学習指導が行われたりするが、ここでは住民が「生徒」として授業に参加している。その意味で、この取り組みは制度開放の趣旨から外れるものではなく、学社融合形態の実践に期待される学校開放の実践だと理解することもできる。

ちなみに、同校で公開授業を実施するねらいは、①中学生と机を並べて一緒に学び、生涯学習の一環として役立てること、②学校に地域や保護者を受け入れ、学校の教育活動の理解の助けとして役立てること、③寄せられた意見を教育内容の改善に役立てること、などにある[6]。

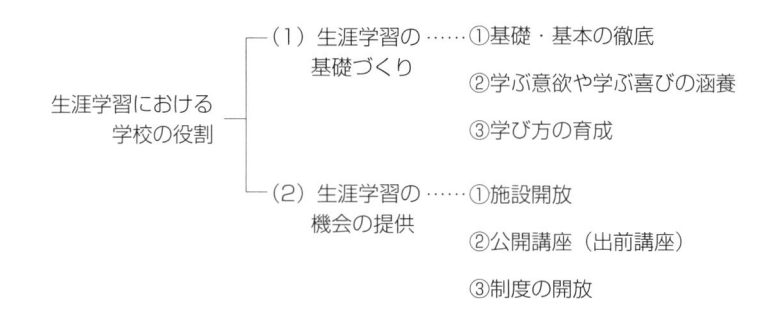

```
                    ┌ (1) 生涯学習の ……① 基礎・基本の徹底
                    │     基礎づくり
生涯学習における    │                    ② 学ぶ意欲や学ぶ喜びの涵養
  学校の役割        │                    ③ 学び方の育成
                    │
                    └ (2) 生涯学習の ……① 施設開放
                          機会の提供
                                          ② 公開講座（出前講座）
                                          ③ 制度の開放
```

図15　生涯学習における学校の役割

3．地域生涯学習をどう支援するか

【取り組みのポイント】

学校が地域の生涯学習活動に対して寄与していくための新たな課題には，次のようなことがある。
(1) 学校公開講座（授業）の実施に積極的に取り組む
(2) 学校施設の開放メニューを作成し，家庭・地域に提供していく
(3) 学校の「教職員人材バンク」を設け，家庭・地域への活用を図る

以上の課題に取り組むことは，地域生涯学習の発展に寄与するにとどまらず，児童・生徒の生涯学習の基礎づくりや教職員の意識改革にもつながっていく。学校としては，児童・生徒の生涯学習の基礎づくりについては，学校支援ボランティアや地域環境の活用を通して，基礎・基本の徹底や学ぶ意欲・態度の形成，学び方の育成に努めることが課題になるが，地域の生涯学習活動に対してどのような寄与が可能だろうか。

最後に，そのための新たな課題について述べておきたい。

(1) 学校公開講座（授業）の推進

公開講座等は学校が地域生涯学習の推進に貢献できる最も一般的な取り組みである。むろん，これは学校本来の業務とはいえないかも知れないが，家庭・地域連携による「開かれた学校づくり」にとっては重要な意義を有する実践になる。各地で展開されているその実践の現状を見ると，学校が実施する公開講座は次のようなタイプに分けられる。

① 教職員を講師等として実施する講座

教職員が持つ専門性や特技，あるいは研究成果等を保護者・地域住民の生涯学習活動に生かし，それを支援することを目的とする講座で，本来的な意味での機能開放事業の一つに属する。講師等は教員に限定せず，特技などを有する

事務職員や栄養士，業務職員などを含めることが望ましい。

このタイプの取り組みは，保護者・住民に学校や教職員を理解してもらう絶好のチャンスになり，その意味で学校が保護者・地域の協力を得るための重要な役割を果たすことになる。

② 保護者・地域住民を講師等として活用した講座

ＰＴＡ会員や保護者，地域住民をボランティア講師として生かす講座である。学校は，講座の場を提供し，プログラム編成や講師依頼を行うこともあるが，実際にはＰＴＡ活動の一環として実施される場合が多い。

このタイプの講座のメリットとしては，教職員の業務負担が比較的軽く，予算的負担が少ないこと，さらに地域人材の専門性や学習成果を生かせるなどの点が指摘できる。

③ 生徒を講師等に位置づける講座

教職員ではなく生徒が講師として住民等の学習者に対して日頃学んできた成果や特技を指導するタイプの講座である。たとえば，前記の藤沢市立第一中学校の「パソコン教室」（事例編, p.178参照）や仙台市立南光台東中学校の「小鉄人講座」などの事例が見られる。どちらかといえば，小学校よりも中学校や高等学校に適した取り組みになる。

このタイプの講座は，住民も生徒なら気軽に質問できるなどの利点があるだけでなく，生徒が講師経験を通して生涯学習の基礎を身につけやすいという教育効果も大いに期待できる。ただ，このタイプの講座を行うには，生徒の資質向上を図るための長い期間を要することとなる。

④ 既存の授業等を住民にも開放する講座

前記の品川区立荏原第一中学校の「公開授業」などのタイプである。現段階ではその実践例は多いとはいえないが，公開授業参観を一歩前進させればどの学校でも可能な取り組みだといえよう。

このタイプの取り組みは，住民に学習機会を提供できるのはもちろん，生徒が同席する保護者・地域住民の真剣な学習態度に啓発され，学ぶ意欲と態度を身につけるのに適したものになる。

（2） 学校施設の開放メニューの作成

　学校施設の開放も徐々に進展してきてはいるが，保護者や地域住民からみれば，学校施設のどこが，どうすれば使えるのかが非常にわかりにくい。現状においては，ＰＴＡ役員など知る人のみが学校施設を利用していたといっても過言ではない。その結果，一般住民からみれば，開いている教室をわれわれにはなかなか開放してくれず，学校は閉鎖的だと誤解されやすくなる。

　そこで，これからの学校は「待ち」の姿勢から脱皮して，開放できる施設とできない施設とを明確に示しながら，開放可能な施設は進んで地域の学習活動等の利用に供する姿勢を持つことが求められる。具体的には，開放ゾーンと非開放ゾーンを明示し，前者については開放可能な時間帯・曜日等を提示し，利用申し込み方法等も記したメニューを「たより」やパンフレットに掲載して，保護者や地域に配布，周知することが望まれる。

　たとえば，大阪府吹田市立片山小学校が保護者を対象に作成している『片小ナビ』（事例編，p.168参照）は，「学校開放って？　どの施設を使えるの？」というページを設けて，そこに校内施設（校庭と体育館）の「利用可能日時」，「受付方法」，「利用可能種目」を掲載している[7]。この程度の情報でも提供しているか否かで保護者や地域の反応は大きく違ってくるのである。

　こうして学校が学校施設開放を積極的に進めながら地域との風通しをよくしていくのも，「開かれた学校づくり」にとってきわめて重要な取り組みになる。

（3） 学校の「教職員人材バンク」づくり

　これまで，学校が教育活動等のボランティアとして保護者や地域人材を募って人材バンクや人材リストを作成する試みは少なくなかった。言うまでもなく，この試みは学校教育の充実を目的としたものである。しかし，地域生涯学習の推進という観点に立てば，発想を転換して，学校は「教職員人材バンク」を設けて，教職員の教育力を地域生涯学習に役立てることも重要な意味を持つ。

　具体的には，教員とその他職員を問わず，本人の希望により教職員人材バン

ク・リストをつくり，そのバンク・リスト等を地域関係機関・組織に配布して，その専門性や資質・能力が生かせるような地域活動に教職員を派遣できるようにするのである。教員の教科に関する専門性が生かせるのはもちろん，事務職員や業務職員の中には高い専門性を有する者が珍しくないので，その専門性も生かすような配慮が望まれる。ある小学校の事務職員は趣味で続けている「蕎麦打ち」を他の学校の特別活動で子どもたちに指導しているという例もある。

言うまでもなく，服務の扱いに配慮しながら教職員に過分の負担がかからないよう，無理のない範囲で行われるべきであるが，家庭や地域と積極的に連携しようと思えば，このような取り組みも重要な役割を果たす。この取り組みを展開していけば，他の教職員の意識改革も進み，また指導力の向上にもつながっていくはずである。

以上の取り組みは，学校による地域生涯学習の支援を目的としているが，結果として，その過程を通じて児童・生徒の生涯学習の基礎づくりや教職員の意識改革，さらに保護者・住民の学校理解の促進にも資することとなる。その意味で，児童・生徒の生涯学習の基礎づくりを含んだ地域生涯学習の開発をめざす取り組みだといってよい。

〔註〕
1）総理府「生涯学習に関する世論調査」1992年9月
2）佐藤晴雄『生涯学習と社会教育のゆくえ』成文堂，1998年
3）麻生誠『改訂版 生涯教育』㈶放送大学教育振興会，1989年，p.35
4）佐藤晴雄「生涯学習社会と学校教育」小島弘道編『学校教育の基礎知識』協同出版，1993年，pp.259-274
5）これら学校施設の生涯学習利用の実態に関しては，佐藤晴雄「社会教育施設の革新と学習空間の拡大」白石克己・広瀬隆人・稲葉隆・佐藤晴雄編『クリエイティブな学習空間をつくる』ぎょうせい，2001年，pp.30-54を参照されたい。
6）青木朋江「地域参加の公開授業で教職員が存分に力を発揮している中学校」『学校経営』第一法規，2002年4月号，pp.77-83
7）吹田市立片山小学校・同ＰＴＡ・大阪大学教育制度学研究室編『片小ナビ――保護者のための片山小学校ガイドブック』片山小学校，2001年度版。なお，2002年度版では，「使えます！ 運動場と体育館」に標題が改められている。

事・例・編

「地域との協働による学校づくり」の推進——学社連携・協働を支援する県事業

(神奈川県教育委員会)

1. 県の様子

　神奈川県には，横浜，川崎の政令指定都市2市を含む37の市町村（19市，17町，1村）があり，人口はおよそ850万を数える。国・公・私立の771の幼稚園，904の小学校，481の中学校，264の高等学校，42の盲・ろう・養護学校があり，107万人ほどの子どもたちが通っている（平成13年5月1日現在）。

2. 取り組み開始の背景

　平成14年度からの学校週5日制や新学習指導要領の本格実施，また，学校評議員制度導入等を受け，これまでより一層踏み込んだ形での学校・家庭・地域の連携方策を，関係者の知恵を集めて打ち出す必要がある。

　そこで，神奈川県教育委員会では，平成11年度より「地域との協働による学校づくり推進事業」に，指定校を置く形で取り組み始めた。

3. 取り組みの目的と内容

　これからの学校は，保護者や地域の方々に学校の教育方針や教育の現状等について，今まで以上に率直に語るとともに，家庭や地域に対する学校としての考えを，より積極的に発信し，対等に意見交換をする必要がある。そして学校と家庭・地域が一体となって子どもたちの教育にあたっていくための仕組みづくりを行うことが重要となる。

　したがって，地域との協働による学校づくり指定校では，校内に検討組織を設置し，年間計画を策定し，学校全体で取り組みが進むよう体制を整備して次の取り組みを行った。

　　ア　学校教育への地域の教育力の活用
　　イ　学校の教育力の地域への開放・活用
　　ウ　児童・生徒，教職員と地域の方々との学習・交流・協働の推進
　　エ　地域の方々を含めた協議・実践組織の設置・運営

　平成13年度は105校を指定校としたが，内訳は県内33の市町村の中から幼稚園5園，小学校33校，中学校22校，また県立の高等学校166校のうち36校，県立の盲・ろう・養護学校21校のうち9校と全校種にわたり，ほぼ県域をカバーした。

　指定形態も1校単独での指定や隣接する複数の学校（幼・小・中・高）のセット指定，また，三つの町では町内の全学校を指定するなど多彩であった。

　取り組み自体も多種多様であり，様々な実践が展開された。2，3例をあげれば，

- まちの先生を募ってバンク化を図り，その方々の授業を地域の方にも公開する
- 小学4年生の「総合的な学習の時間」として，農協，老人会，PTAなどの協力を得て，稲作にかかわる一連の農作業を通年で実施する

- 教員や地域の方が講師となり，学校や地域の教育資源を活用して，児童・生徒，地域住民を対象にパソコンや陶芸，郷土史，バレーボールなどの公開講座を開く
- 学校の避難訓練と町の防災訓練を一緒に行い，非常のさいの地域と学校との適切な対応や各々の役割を確認する

などである（詳細はホームページ参照）。

このように，地域との協働による学校づくりは，言い換えれば，子どもたちのための「学校と地域との新たな関係づくり」であり，このことは学校の頑張りに期待するだけでは達成は難しく，ここに行政の支援と地域側の協力の必要性が生じてくる。

そこで，県ではこれまでに，学校関係者のみならず広く県民に対し，これからの時代に求められる学校と地域との関係性について理解していただくため，啓発ビデオ「学校をひらく──地域とともに」およびリーフレット「地域との協働による学校づくり──いま，学校がかわるとき」を作成・配布した。

また，平成12年9月からホームページを開設し，指定校の取り組みを中心に実践事例を掲載したところ，多い日には200件を超えるアクセスがある。

地域協働は，推進する行政の側も学社一体となった支援に努めた。平成12年度から学校教育と社会教育各所管課および教育事務所の社会教育主事と指導主事を構成員とする指定校支援会議を開催して，双方の専門性を生かしながら，各学校に対して情報提供，相談，研修の実施といった支援にあたったことは，その一例である。

4．予算・推進体制

予算は約160万円（平成13年度）。

教育部4課（義務教育課，高校教育課，障害児教育課および生涯学習文化財課）の共管で事業の推進にあたった。

5．成果と今後の課題

平成13年度末には，3年間の事業の総括として「地域との協働による学校づくりフォーラム」を開催するとともに，「地域協働マニュアル」を作成・配布し，教職員だけでなくPTAや地域の関係者等，多くの方々と成果を共有することができた。今後，県内すべての学校が地域との協働による学校づくりに取り組んでいくこととなるが，そのさい，情報提供や研修の充実に加えて，県として学校と地域とのつなぎ手となる人材の養成を図っていく必要がある。

事務局：神奈川県教育庁生涯学習文化財課　担当：伊藤昭彦
所在地：〒231-8509　横浜市中区日本大通33
ＴＥＬ：045-210-8342　ＦＡＸ：045-210-8920
ＵＲＬ：http://www.planet.pref.kanagawa.jp/kyo-do/index.htm
E-mail：kyo-do@planet.pref.kanagawa.jp

（執筆協力：神奈川県教育庁生涯学習文化財課副主幹　伊藤昭彦）

「すこやかネット」の取り組み——学校と地域との協働に向けて始動した連携組織
(大阪府教育委員会)

　すこやかネットは，学校と地域の壁を取り払い，学校を含めた地域全体の教育や子育てについてどうしていくべきかを考えていく組織である。

1．取り組みの経緯
　大阪府では，平成11年4月に策定された「大阪府教育改革プログラム」の二本柱である「総合的な教育力の活性化」「学校教育の再構築」を図るために，平成12年度から「総合的教育力活性化事業」を展開している。これは，府下全域の中学校区に「地域教育協議会（愛称「すこやかネット」）」の設置と運営を助成するもので，3か年計画で段階的に設置が進められている。平成12年度は162校区，13年度は88校区，14年度は84校区と，334の全中学校区（大阪市を除く）での設置が予定されている。すこやかネットを設置した中学校区には，4年間で計140万円の補助金が支給される（府と各市町村が半分ずつ負担する）。

2．すこやかネットの役割
　すこやかネットの役割は，大きく分けて以下の三つにまとめられる。
　① 連絡調整機能
　子どもの教育について話し合う場や機会を設定したり，課題解決に向けた取り組みを推進するため，学校と家庭・地域間の連絡調整を行う。
　② 地域教育活動の活性化
・学校，家庭，地域の現状や課題，取り組みに関する情報収集と発信
・子どもや親子の体験活動の充実や子どもの地域活動への参画の促進
・家庭教育への支援（子育て講演会の開催，子育てグループの育成等）
・当面する課題や重要課題等の解決に向けた学習会や研修会の開催
　③ 学校教育活動への支援・協力
　通学路や遊び場の安全対策や職場体験などの体験学習への協力体制づくり，校外補導など児童・生徒の非行防止への協力など，学校教育活動全般への支援。
　①～③以外にも地域の実情に応じて様々な取り組みが行われる。
　学校評議会のように教育活動を評価したりチェックしたりすることは主たる目的ではない。

3．すこやかネットの構成員
　すこやかネットは，幼稚園・保育所関係者，学校関係者，子ども会関係者，ＰＴＡメンバー，自治会，青少年育成団体，子育てグループ，ＮＰＯ関係者，福祉協議会関係者，企業関係者，社会教育関係者，行政関係者，大学生，地域の各種団体など，地域の幅広い人々から構成される。すこやかネットは，学校がその中心的なメンバーと

して積極的にかかわる点で，従来の青少年健全育成協議会などとは異なる。（すこやかネットの組織・構成例は図を参照）

4．関連事業

① 地域コーディネーター養成事業

すこやかネットの設置に伴って，その円滑な活動を促進するとともに地域での青少年育成や教育力の一層の向上を図るため，子どもの地域活動に熱意をもって取り組む人々を対象にコーディネーター養成講座を実施する。

② 教員のための地域教育体験講座

すこやかネットの活動を推進する教員を育成するための研修を実施する。

```
【全体会議】
学校関係者    企業関係者       行政関係者
ＰＴＡ関係者   福祉協議会関係者   ＮＰＯ
青少年育成団体  大学生         地域住民など
```

↓

地域コーディネーター・スタッフ会議などにより調整

↓

活動の実施
（実行委員会等の設置）

すこやかネットの組織・構成例

5．成果と今後の課題

すこやかネットの設置に伴って，その意義や理念が浸透し，府下では学校と地域の協働による活動が盛んになりつつある。しかしながら，どんな活動に取り組めばよいのかわからない，組織だけあって活動が伴っていない組織先行型といわれる校区も少なくない。また，活動は行っているものの一過性のイベント主義に陥ってしまい，子どもの教育や子育てについて学校と地域が共に考えていくところまではなかなか進展しないところもある。今後，府の教育委員会は，府下全域ですこやかネットの現状を把握する調査を行い，その組織や活動のあり方の多様性を探るとともに，取り組みが充実して持続的な活動が推進されるよう具体的な提案を打ち出していく予定にしている。

付記：大阪府は，平成13年度に「子どもゆめ基金」の助成を受け，すこやかネットの活動を紹介するビデオを作成した。三部構成で，組織づくりのヒントや各地域の工夫を凝らした取り組み，活動の広がりなどが映像とともにわかりやすく紹介されており，地域連携を進める上で参考となる内容になっている。問い合わせは大阪府教育委員会地域教育振興課（TEL：06-6941-0351）まで。

（執筆協力：大阪大学大学院生　柏木智子）

「あだち"学び"応援隊」──出前講座で学校支援

(東京都足立区教育委員会)

　足立区は，東京都23区の最北端に位置し，小学校は73校，中学校は39校ある。教育委員会の主要施策は，学校教育改革と地域学習の推進であり，開かれた学校づくり，学校選択の自由化，魅力ある教育環境づくりを学校教育改革の柱にしている。
　開かれた学校づくりについては，学校評議員制度の足立区版である「開かれた学校づくり協議会」の開催に加え，授業診断や学校評価に取り組んでいる。
　また，平成13年度から学校選択制度がスタートした。
　この「あだち"学び"応援隊」（講師・支援者派遣制度）は，第二次足立区生涯学習推進計画の重点目標の具体化であり，地域学習展開の手法による，新たな学習支援システムである。行政の情報公開や説明責任などを背景に，全国の100を超える自治体で実践されている，いわゆる「出前講座」の足立区版である。

1．「あだち"学び"応援隊」の概要

　制度の創設にあたっては，すでに先進的に取り組んでいる，埼玉県八潮市や栃木県今市市の事例を参考にしながら，足立区の特色を模索した。

　（1）　四つの登録分野

　区政編をはじめ，各種公共機関編，企業編，区民編の四つの登録分野があり，まず，平成13年11月に区政編を実施した。その他の分野は平成14年中の実施をめどに準備を進めている。

　（2）　二つの支援目的

　地域学習支援と学校支援の二つの支援を目的にしている制度であり，町会・自治会や社会教育施設等における地域・生活課題の学習会や教科学習や「総合的な学習の時間」などの授業支援をはじめ学校の環境整備等に講師・支援者を派遣する。

　（3）　生涯学習情報提供システムと連動

　生涯学習情報提供システム（グループ・サークル，イベント・講座，指導者の案内）の中に，新たにホームページを開設し，登録や派遣など制度全般の案内を行うとともに，随時更新できるようにしている。

　（4）　コンテンツを掲載

　各メニューごとに，60分程度のコンテンツを掲載し，利用する場合に内容が理解できるように工夫をした。

　以上が制度の主な特色であるが，制度の全体管理は教育委員会の生涯学習担当課が行っている。また，利用申し込みの受付や派遣に関する事務は，生涯学習振興公社地域学習センター（社会教育館，地域体育館，図書館が併設）が担当している。この制度による講師・支援者の派遣は無償である。

2．学校支援の実践
　ここでは，区政編の中で，主に「総合的な学習の時間」で実践した事例を紹介する。
　(1)　公園を考える学習
　区内の小学校に土木部公園緑地課の造園職の職員が，4年生の「総合的な学習の時間」で指導をした。
　学習主題は「身近な公園を考えてみよう」である。区の公園計画の概要をパネルなどを使ってわかりやすく説明したのち，グループに分かれ，公園計画の青写真づくりのワークショップを行った。模造紙に，自分たちの公園像を描いて発表したが，行政の担当者とは異なる想像力が表現された。
　そのほかに公園緑地課では，「楽しい？　キケン？　公園という空間」「知っていますか？　公園のこと」などのメニューを用意している。
　(2)　リサイクル学習
　小学校高学年の環境問題の学習単元の中，「ゴミ問題を研究しよう」というテーマの学習に，区役所のリサイクル課の職員が学校に出向いた。身近なものでリサイクルできるものについて調べ，パンフレットづくりを行った。授業のさいには，ビデオ上映やペットボトルからできた綿の展示を行い，理解が深まるように工夫をした。
　また，環境・リサイクル関係では，「ごみ減量化に向けて，みんなで取り組もう」「あなたの家庭が川や海を汚しています」などのメニューが用意されている。

3．成果と今後の課題
　まず，区民の身近なところに学習の素材があることは，学習機会の拡大につながり，主体的な学びを支援するため，より実績をあげる方策が求められる。そのため，区政編のメニューとコンテンツをより魅力的にしたり，内容を対象別に精査するなどの工夫をすることが課題である。
　今後の制度の充実にあたっては，学校と社会教育施設等がネットワークを形成し，学習資源や情報の共有を通して協働することがより一層求められる。年度末には，区役所内の各部課の担当者が集まり，実績報告をするとともに，課題などを話し合う予定である。ネーミングなどを含め，より親しみのある内容に向け充実策を協議する。

（執筆協力：足立区教育委員会社会教育主事　堀越幾男）

地域と連携したフェスティバル──協働行事で児童と地域が交流

(神奈川県横浜市立東小学校)

1. フェスティバルの概要 (20年の歴史がある)
　7月の第1土曜日,学校,家庭,地域が協力し合って,午後2時30分から夜8時まで行う催しもの。フェスティバルには次の三つの活動がある。
(1) プレイタイム:午後2時30分〜4時30分。10の縦割り班がイベント(ゲーム・クイズ・出店・お化け屋敷等)を行う。子ども・地域の人・保護者・教職員も交代で参加する。お客を集めるためにチラシを配ったり,宣伝活動をしたりする。
(2) 夕食タイム:午後5時〜6時。子どもたちの楽しみの時間。縁日気分で過ごす。保護者・教職員も一緒に食べる。親子や地域の人,教職員と絶好の触れ合いの場。
(3) ファイヤーストーム:午後6時30分〜8時。キャンプファイヤー,歌,ダンス,ゲーム等。司会・進行はフェスティバル実行委員会の子どもたちが行う。

2. フェスティバル開催のねらい
(1) 一連の活動を通して,子ども・保護者・地域の方・教職員の触れ合いを深める。
(2) 子どもが学校や地域で学んだ社会性をフェスティバルという活動を通して,検証し合ったり,発展させたりする。
(3) フェスティバルを学校と地域の連携を深める場とする。

3. フェスティバルの運営・協力者と役割分担
〔子ども〕プレイタイムでの出し物を縦割り班で計画・準備・運営。子どもの発想を大切にする。学校でも縦割り班の会合を3回持つ。
〔全学級の保護者〕プレイタイムでの子ども支援,夕食タイムでの食材づくり(おでん,おにぎり,パン,ジュース,フランクフルトソーセージ等)
〔PTA役員〕企画・運営・進行・出店統括・接待,関係官公庁への挨拶・届出,関係協力者への開催趣旨説明,諸連絡調整
〔教職員〕企画・運営・進行,出店等の協力,各活動への指導・支援等
〔「はまっ子」のスタッフ〕プレイタイムでのゲームコーナー設置
〔各町内会〕夕食タイムでの食材づくりと販売(焼き鳥,飲み物等)
〔保護者・OB〕夕食タイムでの食材づくり(焼きそば,カレー等)
〔他校の保護者〕夕食タイムでの食材づくり(ポップコーン)
〔青少年指導員〕ファイヤーストーム協力(安全確保,食材づくりの協力)
〔体育指導員〕ファイヤーストーム協力(安全確保,食材づくりの協力)
〔交通安全指導員〕会場パトロール,帰宅指導
〔商店街有志〕ファイヤーストームで屋上からの花火打ち上げ
〔ボランティア〕卒業生,家族等の協力。全体に分散しての協力

〔近隣中学校〕中学2年生60人による「野毛山節・よさこい鳴子踊り」の演技発表
4．フェスティバル開催までの現職PTAの苦労
　児童数の減少により，協力者も年々減っている。当日は協力できても，開催前の打ち合わせ会には何回も出席できない。この穴を埋めるのがPTA役員・実行委員である。各々の係の仕事を持ちながらの他への協力は厳しいようである。校長が「できる範囲の仕事でいいです」と言っても例年並みに頑張ってしまう。
　一般の保護者も開催のための打ち合わせ会に出席できないことがいちばんの悩み。打ち合わせなしで事を進めるわけにもいかず，出席者で共通理解を図り，欠席者には分担して結果を報告する。この時，よい意見が聞け，役立つこともある。
5．フェスティバルでの子どもの触れ合いのよさ
　事前準備では，当日2日前の午後6時頃，「お化け屋敷」で使う段ボールを近くのお店の好意でカートごと借りて学校に運んでいる3人の6年生に校長が会った。小さなカートから段ボールが何回も何回も崩れ落ちる。それをまた積み直す。額からは汗が流れている。「手伝おうか」と言っても「なんとかできそうですから大丈夫です」とのこと。「自分たちによる，自分たちのための，自分たちのフェスティバル」という目標そのものによる行動であった。
　プレイタイムでは，お客さんの子どもの学年齢に配慮してルールを変えた優しく親切な対応があった。低学年生には高学年生が声をかけたり，一緒にゲームをしたりしていた。子ども同士の思いやりが目立つ。
　夕食タイムは，子どもたちのいちばんの楽しみである。一度に多くの子どもが買い求めるが，700人もの参加者にもかかわらず混乱もなく，30分間も整然と並んでいた。
　ファイヤーストームでは，キャンプファイヤーを囲んで歌，ゲーム，ダンスに楽しんでいた。フィナーレは校舎屋上からの15分間の打ち上げ花火。これにも大きな歓声があがった。多くの人との絶好の触れ合いの場。
　縦割り班は地域で構成され，高学年が中心となっていろいろな準備や仕事をしている。お客さんに喜んでもらえるような様々な創造的な活動や子どもらしい工夫と配慮がある。教職員も子どもの主体性を損ねないよう配慮し，支援している。子どもがのびのび活動する様子は，だれが見ても感動させられる。
6．成果と今後の課題
　学校は学期末のいちばん忙しいとき。「そんな時になぜやるの」と赴任者はだれもが思う。しかし，それだからこそ教職員は子どもと共にそこから学べるものがあり，開催に向けてがんばる発想も出てくる。地域任せのものでは真の連携にならない。学校教育目標の「子どもの主体性を育てる」具体的な場としてとらえている。
　学校と地域の人々との触れ合いが様々な形で深まることを期待している。

（執筆協力：青山学院大学講師・前横浜市立東小学校校長　長嶋　清）

「地域参加型運動会」──学校と家庭と地域で創る教育活動

(東京都品川区立三木小学校)

1．品川区の様子
　品川区には，小学校40校，中学校18校がある。品川区教育委員会は平成11年度から「品川の教育改革『プラン21』」を打ち出し，学区域のブロック化をはじめ，国際理解教育，教科担任制，習熟度別学習などの七つの施策の教育改革を進めている。

2．本校の概要
　本校は，児童数290人，教職員数25人，学級数11の品川区の中では中規模校である。学区域は6町会に区分けされ，ほとんどの児童は，このいずれかの町会に属している。開校当時から，町会単位で登校したり，児童参加の行事を行ったりしている。今年は開校80周年を迎えるために，保護者・同窓会・地域が学校と共に周年行事を成功させようと盛り上がっている。平成12年度から，「品川の教育改革『プラン21』」の推進校として，国際理解教育，教科担任制，「総合的な学習の時間」の2年間の研究学校を引き受けた。平成14年度は，引き続き国際理解教育推進校を，また新たに習熟度別学習推進校，教科担任制を発展させた学年担任制の推進校の指定を受け，教育活動を展開している。

3．学校・家庭・地域で創る教育活動の実際
　本校は，平成10年度から現在まで，様々な形で家庭と地域とで創る教育活動を積極的に行ってきた。具体的には，以下のような実践を行ってきた。
　①ＰＴＡとの共催事業……ＰＴＡ理事会への教職員参加，学年活動，親子触れ合い活動，家庭教育学級，人材派遣システム，道徳授業地区公開講座
　②同窓会・ＰＴＡ……こいのぼり揚げ，もちつき大会，周年準備委員会
　③町会・ＰＴＡ・同窓会……地域参加型運動会
　これからの学校は，学校だけの教育活動から家庭・地域の教育力を生かし共に創る教育活動を推進していく必要がある。この取り組みは，家庭・地域の教育力の向上にもつながるものと信じている。しかし，学校・家庭・地域が共に創る教育活動を実施していくことはそう容易なことではない。本校の地域参加型運動会を例としてあげる。

4．地域参加型運動会
　本校は，平成12年度から「学校・家庭・地域で創る教育活動」を学校経営方針の大きな柱に据えた。そこで，学校行事の中で，学校・家庭・地域の三者が共に活動できる運動会の見直しを図った。それまでの運動会は従来のものを踏襲した形で進められていた。企画・運営・実施は学校が行い，当日は，体育学習の成果を発表する。保護者・地域の人は，参観者やお客さんとして運動会に参加するシステムである。ＰＴＡ役員はお手伝いの形では入るが，運動会実施の当事者は学校であり，日時，内容，進

行は学校に任されていた。当然，成果や課題の検討も学校内部だけで行い，次年度の内容も決定されてきた。いわゆる，内輪の論理で進んできたのが現状である。そこでは，職員団体の論理と管理職の方針とがぶつかることも多く見られた。当時の校長は，学校経営方針に沿って家庭・地域を巻き込んだ運動会実施を掲げた。この改革に，教職員やＰＴＡ役員から様々な反対意見が出された。主なものは次の４点である。

①地域の人と一緒にやる全校ダンスはだれが指導するのか。地域や保護者が負担になる。
②各学年の表現は，例年どおりやってほしい。これを毎年楽しみにしている。
③ＰＴＡが企画運営にかかわるのは負担。学校も自分たちだけでやる方がやりやすい。
④反省会に保護者が入ると，言えないことがでてくる。

この課題をクリアするのに，運動会委員会の中で企画を煮つめ，ＰＴＡ理事会に各主任を出席させ，学校とＰＴＡ役員との話し合いを何度も持った。

・これからの学校教育で児童を育てていくためには，家庭・地域が当事者意識を持ち，多くの目で見ていくことが必要なこと。
・共に活動していく中で児童のよさを発見し，学校教育に対する理解を深めること。
・体育時数を確保し，年間を通じて児童の健康教育を充実させること等を訴えた。

その結果，児童を三者が見ていく体制をとる運動会にしていく試みの年にすることになった。課題については，以下のような対処をした。①は校長・教頭が担当者となり，地域との渉外や全校ダンスの練習運営を行った。②は年間の体育の指導計画や実施報告の中で適切であったか検証し，保護者・地域のアンケートをとり，改善の方向を探ることにした。③④は実施する中で成果や課題を共に考えてみることにした。

５．成果

地域参加型運動会は，保護者が企画・運営に参画し，前日までの準備，当日の係の仕事，入場行進から開・閉会式の参加などを共にすることで当事者意識も生まれ，行事を実施していく時の教職員の負担の大きさと学校教育への理解が深まった。また，地域や町会は自分たちの力が学校に役立った喜びと，児童や教職員との交流ができた楽しさを味わうことができた。このことから，学校運営に携わる意識が育ってきた。

６．今後の課題

この運動会は，現在も保護者・地域の人と共に企画・運営をし，改善を繰り返して実施されている。しかし，大きな行事を共に行うためには，日常の教育活動の中で，保護者や地域の人が授業を参観したり，ゲストティーチャーとして協力したりすることが当たり前にできる環境が必要である。また，町会の定例会やお祭りなどに教職員が参加し，交流を持つことが不可欠である。さらに，学校の経営方針に沿った形で大きな行事を進めていくには家庭・地域の思いを場合によっては修正していく必要がある。時間はかかっても話し合いや共同での実践を繰り返し重ねる中で「学校・家庭・地域で創る教育活動」が根づいていくと考えている。

(執筆協力：品川区立三木小学校教頭　豊島呈次)

「日新カモミール」の活動──学校との連携に挑む自主団体

(東京都府中市立日新小学校＆日新カモミール)

1. 夏休み親子手づくり教室

　夏休みに入った7月28日(日)，日新小学校の図工室に28人の親子が集まった。日新カモミール主催の"夏休み親子手づくり教室"の企画第1弾"手づくり石けんを作ろう"が行われた。今回から試みられる会員と非会員との合同での活動である。指導は，本会の会員のお母さん，サポートにも会員のお父さん，お母さん，それに小学校6年生の女子があたった。折からの猛暑の中，28人の親子は汗だくになりながらも指導者の指示に従い，ハーブ，アロエ，炭などの石けんに挑戦し，翌日にできあがった自分の石けんに歓声をあげた。夏休み企画の第2弾は8月24日(土)の"草木染め"である。指導は本会の会員のお父さん。素材は校庭の桜の木，ビワの木，それに学校周辺の草花である。2学期には，夏休みの自由研究の作品としてそれらの作品が並ぶことであろう。

2. 会の結成

　日新小学校区は，都市化が進む府中市の中で，田んぼや畑，雑木林などが残る自然豊かな地域である。また多摩川にも近接し，魚捕りやバードウオッチングが楽しめる。この自然豊かな環境を生かし，親子による体験活動をしようと集まった会が"日新カモミール"である。

　会の結成にあたっては平成4，5年に東京都が主催した多摩東京移管百周年行事「ＴＡＭＡライフ21」の事業「多摩川子ども調査隊」へ本校が参加したのがきっかけであった。本事業は2年の活動をもって解散したが，活動の継続を望む子どもたちの声もあって，調査隊の指導をした教師が中心になって，全学年，保護者に呼びかけ，平成6年4月に，府中市の社会教育団体として40人の会員をもってスタートした。

3. 主な活動内容

　1年目は教師の指導のもとで，学校周辺の雑木林や多摩川での野鳥観察や魚捕り，水生昆虫を観察したりと，主に自然観察の活動を行った。また多摩川で摘んだ野イチゴでジャムをつくったり，学校周辺の野草を摘んでは家庭科室で天ぷらに揚げて調理の体験をし，食べる楽しみを味わった。冬には校舎の南側の陽だまりで，竹の鉢による春の七草の寄せ植えを作った。

　2年目からは，会員も増え，地域の休耕田を借りて，親子による農作業が行われた。こちらは農業経験のあるお父さんが指導にあたり，収穫の喜びとともに，土起こしや草取りと続く農作業の"大変さ"を体験した。また，檜原村の林業家が経営する施設に1泊し，川遊びや，いかだ乗り，林業体験と，新たな活動も加わった。

4. 活動の発展
　現在，会の活動の主体は以下の四つの部門に分かれている。
　①食農部門……………農業活動，調理活動
　②アウトドア部門………自然観察，キャンプ，ハイキング
　③ものづくり部門………造形活動，科学体験
　④ボランティア部門……多摩川の清掃，校庭の草取り
　休耕田を利用しての農業活動が活発になるにつれ，保護者の中から得意分野を担当する者が現れた。納豆づくり，味噌づくり，豆腐づくりと，収穫物での加工食品がつくられるようになり，また平成10年に本市が会場になった"科学体験まつり"でスタッフとして協力した会員がそこで身につけた技術を本会の活動に取り入れるなどより主体的にかかわるようになってきた。運動クラブやブラスバンドの場合，担当する教師が異動すると，活動が低調になることが多いが，本会の場合，引っ張ってきた教師から保護者へのバトンタッチも教師が異動する前に完了することができた。

5. 今後の課題と展望
　会の活動の行動範囲が広がる中で，活動の軸は"学校"に置いてきた。開かれた学校づくりの外からの実践と，学校の施設が子ども向けに造られていることによる利用のしやすさである。教室の使用にあたって校舎の開錠は教師が行ってきたが，池田小学校での事件以後，学校の安全性が問われ，また教師の異動などにより，休日の校舎内の施設の使用が難しくなってきた。当面，授業が行われる土曜日の午後を充てたり，他の公共施設を使用したりしてやりくりしてきた。しかし，平成14年4月からの学校週5日制の完全実施によってさらに難しくなってきた折，学校から会員外の本校の親子にも一緒に参加できる行事はないかとの相談を受け，新たな活動の展開と受けとめ"手づくり石けん"と"草木染め"の"夏休み親子手づくり教室"を企画した。冬には，本会の会員で，本校のOBでもある高校生の指導のもとで，多摩川でのバードウォッチングが予定されている。他に校庭の伐採した樹木の炭焼きや，学校田の稲わらで"わらづと"を編んでの"納豆づくり"などの企画があがっている。

　本会と学校とがタイアップした活動の実践が新たな展開を生む中，『朝日新聞』の姉妹紙『アサヒタウンズ』に本会の活動が紹介され，他校から「総合的な学習の時間」向けの指導の要請がきた。講師として担当会員の派遣を予定している。学校週5日制の完全実施に伴う学校施設の使用問題を学校，行政とさらにつきつめ，親子の体験活動から出発した会の活動が学校週5日制対応の受け皿のモデルとして注目されている中で，さらなる運営の充実を図っていかねばならない。

（執筆協力：日新カモミール代表　杉水久仁雄）

幼・小・中・高校との協働による学校・地域づくり——「ABC教育」で地域ぐるみの活動
(神奈川県秦野市南が丘地区)

１．地区の様子と取り組みの経過

　南が丘地区は昭和56年，緑豊かな自然環境と都市機能の調和と人と人との心の触れ合いをめざした住宅地として誕生した。昭和57年みなみがおか幼稚園・南が丘小・中学校が同時に開校，県立秦野南が丘高校は昭和56年に市内の他地区に開校したが，昭和57年に南が丘地区に校舎が建設された。幼・小・中・高校，公民館は徒歩10分以内，近くには上智短期大学もあり，教育環境の整えられた地区である。

　平成９・10年度文部省（当時）から幼・小・中は家庭・地域と連携した道徳教育，平成11・12・13年度には新たに高校を加えて，県教育委員会から「地域との協働による学校づくり推進事業モデル校」の研究指定を受けた。さらに，平成14年度には文部科学省から「豊かな体験活動推進事業」の研究指定を受け，幼・小・中・高校が家庭・地域と連携し，相互に補完し合いながら，学校・地域づくりに取り組んでいる。

２．取り組み内容

　(1)　「南が丘地区豊かな心を育む協議会」を核とした「ＡＢＣ教育」の展開

　協議会は幼・小・中・高校が家庭・地域との連携を通して，生き生きとした明るい地域づくりと子どもたちの心を豊かに育てることを目的に，平成９年10月に発足した。教育を地域の人と共に進める「共育」，協力して進める「協育」，地域の人と互いに響き合う「響育」を具体化する組織である。委員は30人で各自治会会長を中心に構成され，年５回開催している。必要に応じて児童・生徒も参加している。

　協議会では平成10年４月から各自治会に「あいさつ通り」「あいさつ広場」を設置し，家庭や地域で日常的に挨拶が交わせるように「地域ぐるみあいさつ運動」を行っている。平成14年度からは協議会委員を中心に地域の人も参加して，幼・小・中・高校の校門で挨拶運動を展開しているが，「ＡＢＣ教育」はこうした「地域ぐるみあいさつ運動」から生まれたものである。

● A…At home（家庭づくり）

　「いやす・安らぐ家庭づくり」を意味している。心休まる，ぬくもりのある家庭の原点は家族が明るく挨拶を交わせることである。家庭内でも「おはよう」「ただいま」「おやすみなさい」など，挨拶が交わせるようにしている。

● B…Bridge（連携づくり）

　学校・家庭・地域の連携を深めるには，学校が家庭・地域との架け橋になることが大切である。園長・校長は地域の行事には一緒になって参加し交流を深めている。園長・校長が地域に無関心でいる間は地域は見えてこない。まず，園長・校長が地域に出かけ，地域の人と語り合い，学び合う姿勢こそが連携づくりの基盤となる。また，

地域の人たちもよく学校に出入りしており，連携はますます深まっている。
● C…Community（地域づくり）
　「地域ぐるみあいさつ運動」を通して「人と人との温かい人間関係づくり」「心と心のふれあうまちづくり」をめざしている。また，かつて風俗店のビラなどが地域の住宅に投げ込まれたことがあるが，協議会で対応を話し合い，地域一丸となって業者にやめるよう県や警察に働きかけ，一定の成果をあげた。さらに，夏休み前に幼・小・中・高の教職員が協議会委員と一緒になって地区の公園の草取りを行ったり，毎年1月に地域の指導者が中心となって実施している「丘のマラソン大会」には，幼・小・中・高の教職員，児童・生徒のボランティアが前日に走路や周辺の清掃を行っている。このマラソン大会には，小・中・高校生だけでなく，地域住民も参加し，南が丘地区の名物行事として定着している。
　また，平成13年は幼・小・中の創立20周年と地区発足20周年記念式典を協議会が主催で企画し，10月20日（土）に公民館で式典を行った。式典の後には「丘のふれあい音楽会」を開催し，幼・小・中・高校生による合唱，お母さんたち，地区の老人ホームに入居しているお年寄りが世代を超えて合唱するなど，地域住民の心が一つになるすばらしさを実感できる機会となった。
（2）学校・家庭・地域だより「翔丘」の発行
　年間8回発行し，編集は幼・小・中・高校が交代で当たっている。内容は子どもたちの活動情報といったニュース記事だけでなく，家庭づくり，地域づくりの一助となる記事を掲載するなど，指導性，啓発性も重視している。さらに，学校の情報を一方的に発信するだけでなく，地域や公民館の情報も扱うなど双方向性を持った誌面づくりに努め，学校・家庭・地域の重要なパイプ役を果たしている。
（3）幼稚園・学校間の交流
　高校生が積極的に幼・小・中の活動に協力している。小学生にスポーツの指導，中学生への部活動の指導，また高校の教育活動には園児・児童・生徒が参加し，異年齢集団による触れ合いを深めている。教員は相互に学校を訪問し，授業を参観したり，文化祭，合唱コンクールなどでお互いに審査員を務めている。

3．成果と今後の課題

　南が丘地区の取り組みの成果は，20周年記念式典での中学校生徒会長の次の言葉からもうかがえる。「緑豊かで学校と地域との交流が盛んな南が丘地区は大好きです。将来もこのままであってほしい」
　南が丘地区では学校・家庭・地域の横の連携と年齢的な縦の連携，つまり学校間の連携がうまく調和し，「協働による学校・地域づくり」は着々と進んでいる。今後も常に反省を加え，充実・発展していかなければならない。

（執筆協力：前秦野市立南が丘中学校校長，現同市立西中学校校長　望月國男）

「地域教育協議会」の活動──校区一体で子どもをはぐくむ

(大阪府松原市立松原第七中学校区)

　松原市は，地域を基盤とした総合的な教育力の充実を図ることをめざして，早くから学校と地域との連携の促進に力を入れ，活動を支援する補助金を支給してきた。現在では，大阪府の施策を受けて「松原市地域教育協議会（p.140「すこやかネット」の取り組み参照）」を設置し，全中学校区の協議会会長，学校，行政が話し合う場を設け，各中学校の校務分掌に地域連携担当者を位置づけるなど，学校と地域との連携をさらに推し進めている。このような市の施策は，第七中学校区の地域連携が進んだ大きな要因の一つであるといえる。

1. 第七中学校区（以下，七中校区）の実践──縦軸と横軸のつながりの中で

　七中は，地域・校区で共に子どもを育てる関係づくりをめざして，縦軸（幼・小・中の連携）と横軸（学校と地域の連携）を基調にして数々の先駆的な実践を生みだしてきた。そこでは，様々なつながりが幾重にも重なり合い，校区全体として重層的な連携を織りなしている。ここでは，その中でも七中が行っている幼・小・中の連携と，それと絡め合わせた学校・幼稚園と地域（地域教育協議会を中心にした）との協働活動について紹介したい。

　① 縦軸（幼・小・中連携）

　七中校区では「子どもの育ちを11年間の縦軸の中で」を合い言葉にして学校・幼稚園間連携に取り組んできた。具体的には，以下のような活動を行い，異年齢交流や幼・小・中の段差の解消，情報交流に努めている。
・保育実習（中学生と幼稚園・保育所の子どもがお互いに行き来し，実習を行う）
・体育大会（中学校の体育大会に幼・小の子どもたちも一緒に参加）
・出前授業（中学校の教師が小学校で授業を行う）
・七中体験授業（小学6年生の児童が七中で授業を受ける）
・校区連絡会（年に数回，幼・小・中の教師が集まって研究会を行う）

　平成14年度からは，「松原第七中学校教育総合推進事業」として小・中・高校連携の研究指定を文部科学省から3年間受けている。

　② 横軸（地域連携）に縦軸（幼・小・中連携）を絡めて
〈「涼もう会」「ＨＯＴ×ほっと会」〉

　夏休み，冬休みに1日ずつ，地域の子どもたちを七中に招待し，中学生が子どもたちの面倒を見る企画。七中の生徒会が主催し，企画運営のすべてを担う。教師やＰＴＡ，地域教育協議会は，生徒からの依頼を受ける形で支援に回る。平成14年度で3回目になるが，年々参加者が増え，2歳から中学生まで総勢300～400人，保護者・地域住民・教師・高校生（七中卒業生）が50～60人参加している。

〈国際文化フェスタ〉
　年に1回，七中で開催されるお祭り。運動場では地域住民，教師，子どもらが店を出し，ステージ上では子どもたちの学習成果の発表や地域住民の演奏が行われる。企画の母体は地域教育協議会であるが，文化祭と重ね合わせることもあって，各学校・幼稚園も主体となって取り組む。平成14年度で第8回目となるが，七中校区が最初に実施し，以来松原市全体に広まった。子どもから大人まで地域住民のあらゆる層が参加するので，毎年4,000人を超える参加者数となる。

〈クリーンキャンペーン〉
　子どもたちと大人で行う地域清掃活動。この活動を行うようになってからは，近くの畑に中学生がごみを投げ入れることが減り，地域住民との関係が修復したことが報告されている。

〈校区パトロール，通学路点検，防犯活動〉
　児童・生徒の登下校の際に，保護者と地域住民が輪番制で校区パトロールを行い，防犯活動に努めている。また，通学路の点検を行い，危険な場所があったさいには学校に連絡がいくようになっている。

〈月1回の定例会〉
　地域教育協議会の定例会を月に1回行い，地域住民，保護者，学校管理職，学校・幼稚園職員ら30人以上が参加する。そこでは，連携の活動を含め，七中校区の教育活動や地域活動について話し合われる。

〈取り組みの日常化〉
　地域の各団体の取り組みを七中校区全体の取り組みとして行うことに決め，子どもたちが毎週土日に行われる何らかの活動に自由に参加できる仕組みをつくっている。

2．今後の展望と課題

　「子どものためやん」——七中校区では，合い言葉ともいえるこの文句を皮切りに様々な実践が繰りひろげられてきた。現在，七中校区の地域教育活動は，さらに新たな段階にさしかかっている。保護者・地域住民・教師は，交流を深めて信頼関係を構築し，腹を割って話し合うための土壌づくりを行っている。そして，「子どものための教育とは何か」についてそれぞれの考えをぶつけあい，よりよい教育活動のあり方を一緒になって模索している。このような姿勢は，七中校区の実践をこれまでより幅の広い実りの多いものにしていくであろう。

URL：http://www.e-kokoro.ed.jp/matsubara/matsu7/

（執筆協力：大阪大学大学院生　柏木智子）

三つのタイプの学校支援ボランティア——ボランティアと共につくる子どもの「学び」

(東京都三鷹市立第四小学校)

1．学区域の様子

三鷹市は，人口約16万人をかかえる都市であり，そこには，小学校15校，中学校7校ある。その22校が，すべて標準規模の学校である。

本校は，井の頭公園に隣接し，近くには山本有三記念館や三鷹の森ジブリ美術館などがあり，静かな住宅街の中にある。

2．取り組み開始の背景と目的

最近の子どもたちは，友達同士の関係が希薄になっている現状がある。

かつての地縁社会が崩れ，大人も，隣近所の人と挨拶はしても，有機的な人間関係が薄くなり，お互いに関心を持たなくなってきている。

本校も，都市部の学校としては，井の頭公園に隣接し，自然環境は申し分ないのだが，地域のコミュニティのあり様は例外ではない。

また，子どもたちの生活においても，学校生活を終えると塾や稽古事に通う者が多く，学校を終えると，家庭へ直行となる。

いわば，地域社会が，学校と家庭の間の廊下の役目になっているのである。

昔から，子どもの育ちには三つの「間」が必要だといわれてきた。すなわち，群れて遊ぶ「仲間」，「時間」，「空間」である。

これらが，今や「親友」という言葉とともに，死語となりつつあるのである。

21世紀に生きる子どもたちが，活力にあふれ，豊かな社会の構成員として，夢を持ち，たくましく生きぬいてほしいとの願いは市民共通の願いである。

そこで，本校を舞台に「地域の子どもは地域で育てる」の合い言葉で，教師・保護者・地域の人々が一体となって子どもを指導・支援していく学校づくりをめざしているのである。

3・取り組み内容

保護者や地域のいろいろな人・モノ・コトと触れ合う時間と空間があり，それらと協働の活動や学習を通して喜びを積み重ねられる「参画型コミュニティ・スクール」ができれば，子どもたちの夢や希望をはぐくむことができるとの仮説のもとに4年目の実践となっている。

学校単独でなく，家庭や地域の教育機能を融合させて，その良識と専門性を教師のパートナーと位置づけ，多様な教育活動を展開している。

それは，学校を地域に開かれた「コミュニティ・スクール」にすることを目的とし，その実現のために140人以上を「教育ボランティア」として登録し，学校教育に参画してもらっている。

① コミュニティ・ティーチャー（ＣＴ）
専門的な知識や技能・技術を持った人が講師となっていて，医師，菓子職人，農家，エンカウンターの専門家，市会議員，IT技術者，農協，青年会議所，各企業，シニアや各種のNPO団体など，多種多様な方々が，授業に参加している。

たとえば，医師には理科の授業で「動物の誕生」について指導してもらったり，琴奏者には音楽の時間に「日本の音」について指導を受けたりしている。

全体としては，「総合的な学習の時間」での活躍が多くなっていて，おかげで多様な「総合的な学習の時間」の単元開発ができ，子どもたちに様々な実体験と課題解決学習が展開できている。

② 学習アドバイザー（SA＝スタディ・アドバイザー）
主に保護者の方が多く，算数や国語などの教科の授業の中に，担任や専門の教師の教科指導補助として学習支援をしている。

基礎・基本の定着など，個に応じた，きめ細かな指導を心がけている。

特に，学力低下がいわれるなか，基礎・基本の確実な定着のために各学年の算数の習熟度別授業では，TTとして威力を発揮し，1回の授業に4〜6人の方に学習支援をしていただいている。

研究授業後の研究協議会にも参加していただき，教師と共によりよい授業づくりをめざしている。

③ きらめきボランティア
授業前や放課後を利用して，地域や保護者の方々が自分の趣味や特技を生かし，余裕教室や体育館を活用して実施する課外の選択クラブ活動である。

いぎりすやクラブ（英会話），手話クラブ，サッカークラブ，パソコンクラブなど15クラブが運営されている。

教師が指導する必修クラブとは別に実施しており，教師にない特技や趣味を生かして，子どもたちと活動を楽しむものである。

4・成果と今後の課題

子どもたちはもちろん，教師も家庭や地域の方々の熱意と善意に触れ，学ぶ機会が増え，教師の意識改革となり，なによりも授業改善に結びつくという成果が大きい。

「子どもたちから元気をもらっている」と生きがいを見いだされ，生涯学習の観点からも大切なことと考える。

子どもを真ん中に，保護者も地域の方々も，そして教師も，共に生き・共に学び・共に創り出す「参画型コミュニティ・スクール」ができつつある。

今，子どもたちを取り巻く環境と，子どもたちに求められている課題を考えた時，地域や保護者と一体となり，協働で子どもを育てていくことが重要である。

（執筆協力：三鷹市立第四小学校校長　貝ノ瀬　滋）

「あなたの"持ち味"応援団」──学校を支援する自主組織
(神奈川県横浜市神奈川区)

　神奈川区は横浜市のほぼ中央に位置し，工業や事業所や最近はウォーターフロントとして開発が進んでいる臨海部，住宅地などが広がる内陸部，農地や緑地などが多く残る丘陵部といった様々な地域からなる。
　鎌倉時代から神奈川湊として全国各地を結ぶ船の中継地として賑わい，江戸時代には県下有数の宿場町，神奈川宿として栄えるなど，古くから交通の要衝として発展してきた。小学校22校，中学校10校，高等学校9校，大学1校，盲学校1校がある。

1．「あなたの"持ち味"応援団」の誕生
　平成13年4月，神奈川区地域振興課生涯学習支援係に「学校支援ボランティアを考える」企画や運営をする委員会が発足した。
　子どもは親の宝だけでなく地域の財産でもある。また，子どもは家庭や学校ばかりでなく，地域社会からも多くを学ぶ，その環境づくりを主旨にしたものである。同年6月，以下を指針にした「あなたの"持ち味"応援団」が誕生した。
①子どもの教育に，家庭・学校だけでなく，地域社会が積極的にかかわる。
②「総合的な学習の時間」などで，地域の特色や人材を生かすとともに，より地域に開かれた学校づくりができるように，温かく見守り応援をする。
③地域教育力とは何かをよく学習し続け，地域社会ならではの特色を生かしたプログラムを，子どもたちや家庭や学校に提案する。
④地域に子どもたちの"居場所"をつくる。
⑤この活動を通して，自分の生きがいを自ら見つけるとともに，お互いがよりよく生きることをめざし，補い合う関係でいる。

2．「あなたの"持ち味"応援団」の取り組み
①「イキイキ生きる子どもたち応援団──眠らせないで！　あなたの"持ち味"」と題した学校支援ボランティアに関する5回の公開講座を開催し，賛同者を募る。
②神奈川区内の小学校の行事や授業参観に参加し，学校現場を研修する。
③「第5回神奈川区　友・遊・まちづくりフォーラム」に参加して，5人のメンバーによる模擬授業を実施する。
④区内の小学校で，まちの先生として実践する。
⑤メンバーの"持ち味"の磨きと活動（おもしろ理科工作教室，楽しい省エネ教室，まわり絵づくりとお話，子どものこころと身体，町工場の話，世界のあいさつ，神奈川の歴史，子ども古典教室，子どもビジネス教室，自然体験教室など）
⑥他の市民活動グループ（含む他区）との情報交換や交流や学習会を開く。
⑦教育／福祉／経済／地域振興などの行政関係機関との交流会や勉強会を実施する。

3．「あなたの"持ち味"応援団」の取り組みからの気づき

- 「学びの改革が社会を変える」……明治以降，教育を芯に「西洋に追いつけ追い越せ」を目標に，近代化社会への道をひた走った。現在，その終焉とともに，新たな教育＝学びを芯に新たな社会構築が求められ，胎動し始めたのではないか。
- 「地域は教育に冷たくなかったか，地域教育力とは何か」……家庭教育，学校教育，地域教育は子どもたちにとってどうなのかを主体に，それぞれの役割を明確に持ってエスコートしたいものだ。特に子どもの社会化装置としての地域コミュニティは，新たな構築が今求められているのではないか。
◇ 大人の価値の植えつけでなく，子どもの理解に応じた伝え方で"世の中""事実"を知らせ，どうしたいかを引き出し，やる気を持続させる環境をつくる。
◇ 自然～人～文化など様々な出会いの中で，"生命のつながり"や"ものごとの連鎖"を理解する。その中で人間社会の明暗・矛盾・必然を正視できる力を養う。
◇ 評価や点数はつけず，よい内容をシリーズ化し，一過性のイベントにしない。
◇ 自分や地域に愛着や誇りを持った幸せな大人が増えれば，幸せな子どもが増える。
- 「どこかに必ずあなたを必要とする場所がある」……小さな，現実的な目標をクリアする中で，居場所を見つけ自立へと向かう。
◇ 面倒で不本意なことや身のまわりの諸般をこなしながら生きていくことを「生活」のモデルとしてとらえ，「らく」の指向から人間「成長」へ，手探りしながら紡ぐ。
◇ 失敗や，失ったり衰えたり負けたりして初めて気づいたり覚えたりすることがある。
◇ 歩みは遅くとも自らとの約束を守り，自らを欺かなければ，人生はなるようになると信じ，絶望しないことである。待ち上手になりながら自分を教育し続ける。

4．「あなたの"持ち味"応援団」の今後の取り組み

① 区主催：イキイキ生きる子どもたち応援団——眠らせないで！　あなたの"持ち味"２年目の連続８回公開講座。今回は，神奈川区内の小学校，中学校の「生きる力」教育の途中経過の実際，高校の総合学習の動き，まちに子どもたちの居場所をつくる，新たな賛同者の募集，など学校と地域がつくる学びとその未来を提案する。
② 特に第８回目は「チャレンジ！　持ち味さんの課外授業（公開７授業）」と題し，先生・生徒・保護者・学校・教育関係機関・福祉や生涯学習関係者などを対象に，地域教育力とは何かを試みる。引き続き，地域に子どもたちの"居場所"づくりも兼ね，若者から人生のベテランによる「持ち味さんの課外授業（公開100授業）」を実施，生命の輝き・つながり・様々な人の生き方を体感してもらう。
③ 小学校と中学校や高等学校の支援ボランティアの連帯の応援をする。
④ 家庭・学校・地域の教育力に対応できるコーディネーターを養成する。
⑤ パートナーシップによる「愛着のもてる地域コミュニティづくり」を応援する。

（執筆協力：「あなたの"持ち味"応援団」代表　浅井邦隆）

「藤沢市生涯学習大学」で地域人材を育成——学校支援ボランティア養成の新しい形
（神奈川県藤沢市教育委員会）

　藤沢市は，人口38万，相模湾に浮かぶ"江ノ島"を有する湘南の中核都市である。
　小学校が35校，中学校は19校ある。また，全市域13地区に中央公民館的規模の公民館が設置され，年間利用人数が197万人と，地域の文化活動などの拠点として公民館活動がたいへん活発な市であるといえる。
　各学校が抱える課題として，地域・家庭との連携が掲げられ，現在，19中学校区に，「三者連携事業地域協力者会議」を立ち上げ，青少年課題に地域ぐるみで取り組んでいるところであるが，その中でも，部活動指導者など学校支援人材の育成が求められており，平成14年秋に開校した藤沢市生涯学習大学「かわせみ学園」の一つの学部「はばたき学部」の中で養成・育成し，責任の持てる人材を学校に紹介することとしている。

1．「藤沢市生涯学習大学」とは
　藤沢市生涯学習大学は新たな建物を建てたり，教授陣を揃えるのではなく，市内にある大学キャンパスなど既設の文教施設の利用や市民人材を市民講師として充てて事業を推進するもので，市民が生涯にわたり学びたいことを学び，それを地域社会や市民生活へ還元し，豊かなライフスタイルづくりができるよう平成14年10月に開校した。
　学部としては，多様な学習機会を提供する「かがやき学部」，高齢者の生きがい・健康・仲間づくりを支援する「いきいき学部」，そして，市民人材を養成・育成し，その活動を促進する「はばたき学部」を設置した。

①かがやき学部……人材バンク登録者や「はばたき学部」で育成した市民講師を活用し，学ぶ喜びや，知る楽しみを通して市民の"かがやき"を応援する，市民教養学科と放送通信学科を開設した。
②いきいき学部……高齢者が健康を保ち，地域社会とかかわりながら，"いきいき"とした生活を送るための応援の学びの場として，地域活動学科と健康福祉学科を二年制で開設した。
③はばたき学部……この大学で得た知識を学校や地域，行政域で役立たせることでさらなる人生の"はばたき"をお手伝いする学びの場として，市民講師学科と生涯学習ボランティア学科・生涯学習推進員学科を開設した。

　ここでは，「はばたき学部」学校支援人材の育成の取り組みを紹介する。

2．どんな学校支援人材が求められているか
　「はばたき学部」で学校支援人材を育成するにあたり，学校がどんな人材を求めているのか各学校にアンケート調査をした結果，次のような人材が求められていることがわかった。

①運動部・文化部活動の指導者および補助者
②学校図書室で図書相談，図書整理に従事する業務員およびボランティアなど
③学校施設内で児童・生徒の安全を見守る人などの学校ボランティア
④新学習指導要領の総合的学習に対応する市民教師型人材

とりわけ部活動の指導者は，これまでも教師の高齢化・未経験・少子化に伴う教師の減少から不足しており，部活動の廃部傾向が児童・生徒の学校生活や学校運営の面でも課題となっており，また学校側には，学校で従事していただく人材を地域にお願いしたくても，問題が生じたときの責任分担など制度の未整備から積極的にお願いができない実情があることもわかった。

3．求められる学校人材をどう育成し紹介するか

学校への地域人材の登用については，責任ある制度で責任ある人材を育成し紹介することが大切と考えている。その場合，ただ単にその学校業務に必要な技術力・指導力・専門知識に長けた人材を登用することだけでなく，あわせて学校で従事するのに必要な知識を「はばたき学部」（学校支援人材育成のプロセス）で学んでいただき，養成した人材を学校長に紹介する。

①各人材育成学科ごとに，1単位2時間・必須単位制のカリキュラムをたてる。
②各人材育成学科とも，学校従事に必要な知識を習得する共通の一般教養課程（講師は学校関係者など）を修了後に，各専門課程に進む。
③運動部・文化部活動の指導者育成については，まず技術・指導力の向上を図るために，体育協会・文化団体の一定の審査・推薦をもって人材バンクに登録された人材を講師としている。また部活動運営に必要な専門的知識に関しては中体連関係者などを講師にそれぞれ育成する。
④学校図書室業務員および学校ボランティアなどの育成については，その業務に必要な知識に関しては関係団体や経験者を市民講師にしてそれぞれ育成する。
⑤総合的学習に紹介する市民教師については，その専門的知識を一定の基準で審査した後に人材バンクに登録してもらうなどして，人材を育成する。

4．期待と今後の課題

(1) 各学校の部活動が責任ある制度・人材のもとで統一的に活発化し，児童・生徒の学校生活に好影響をもたらし，豊かな心をはぐくむことに貢献する。
(2) 地域人材の学校支援気運が高まり，学校・地域・家庭の連携が推進される。
(3) 無報酬を原則としているが，ボランティア的業務と長期的に従事する部活動指導業務などとの待遇のあり方が課題としてあげられる。

（執筆協力：藤沢市教育委員会生涯学習部部長　金井正志郎）

「大手ゆめ空間」と学校ボランティア活動──学校と地域・保護者とのいい関係づくりをめざす
（新潟県上越市立大手町小学校）

　平成10年,「できるひとが,できるときに,できることを」をモットーに保護者有志でスタートした「大手ゆめ空間」は,主体的,自発的に活動を行う団体として,自分たちがやりたいことを中心に,子どもたちや学校とともに積極的に活動を展開している。

1. 発足の経緯
　授業（教科学習）以外にも何かと多忙な先生方のお手伝いをすることで教育活動がより充実したものになっていってほしいという思いや,すべてを学校任せにせず,もっと学校のことを知ったり,もっと子どもとかかわり子どもの教育に携わりたいという思い,自らの得意分野を学校内で発揮したい,あるいは活動を通じて仲間づくりがしたいなどという様々な思いが集まって,ＰＴＡの組織とは異なる,自主参加（入退会自由）,自主運営の穏やかな関係の会が立ち上がった。

2. 名称の由来,活動の本質
　発足当初は「大手町小学校・学校ボランティアの会」と呼んでいた。一般的にこのような活動は「学校支援ボランティア」あるいは「学校ボランティア」と呼ばれている。しかし,活動を進めていくうちに,メンバーの間でこの名称に関して少しずつ違和感を覚えるようになってきた。

　私たちがこの活動を行っている目的あるいは本質は大きく分けて二つある。一つは,子どもたちにかかわる教育的な問題に少しでも主体的に取り組み,教育活動をより充実したものにしていきたいといった,いわゆる解決主体としての使命感を持った活動である。もう一つは,自分たちがやりたいことを実践し,その活動を通して子どもたちや教職員のみなさん,そして仲間と触れ合い,喜びや達成感,充実感などを感じるといった,いわゆる自己実現的な活動である。

　そして,この目的を達成するための学校との関係は,互いに尊重し合う対等なパートナーシップの関係でありたいと考えてきた。

　ところが,日本でいうボランティアは,どうしても「奉仕」とか「支援」といった意味合いが強く,「やってあげる」とか「依頼されてやる」といった主体的ではない従属的な関係の活動になり,意識の上では学校側と主従の関係,序列が生まれてしまうことが多い。そして,一方にしかメリットが得られないような結果になりがちである（特に,学校側のメリットが優先される傾向にあるようである）。

　このようにバランスが崩れ,対等な関係でなくなると,参加者の主体的な意識が薄れ,意欲も低下していき,活動自体が盛り上がらないし,発展性や継続性も欠けてきてしまう。

そこで，学校側との対等な関係づくりを心がけ，主体的な活動を展開すると同時に，会員内で会の名称を公募した結果，子どもたちの夢，大人たちの夢，みんなの夢が膨らむ楽しい場づくり，空間づくりをしたいと願い，新たな名称を「大手ゆめ空間」とした。

3．組織，体制

 子どもの教育に理解のある保護者を含めた地域の方ならだれでも会に参加できる。会の代表者，学校側との調整役と会員のまとめ役としてのコーディネーター，事務局，また学校側の担当教員（教諭１人＋教頭）もおり，活動を進めるにあたってはそのつど相談しながら行っている。

 活動時間は，現在のところ平日の学校開校日のみである。子どもたちと一緒の活動は，主に昼休みを利用して各種の参加型講座（通称チャレンジクラブ）などを行っている。活動場所は，学校内のどこでもできるが，ゆめ空間が中心になって使用できる空き教室を学校から１部屋借用している（このスペースを休日も自主管理で利用できれば活動時間帯や活動の幅が広がるが，まだ設備も体制も整っておらず，目下検討中である）。

4．活動内容

 数人が中心になり，自分たちがやりたいことを企画し実践している。各種の活動内容は事前にメンバー内に紹介され，興味のあることにはそのつど，だれでも自由に参加，参画している。最近の具体的な活動は以下のとおりである。

〈子どもたちと共に活動するチャレンジクラブ〉

　将棋，折り紙，読み聞かせ，辻読書，人形劇，工作教室（壁飾り，ひな祭りの飾りづくり，写真立て，鉛筆立て，竹とんぼづくり，楽器づくり，ミニプレートづくり等），指編み，クリスマスカード（折り紙とフェルト），年賀状（パソコン），昔遊びなど

〈教育環境整備，教育活動の補助など〉

　ガーデニング，バタフライガーデン，文化祭等学校行事のさいの掲示，３Ｄ日本地図の掲示，学年ホームページ作成の補助，授業時間内の自然体験工作活動の補助など

〈メンバーや保護者対象のクラブ的活動〉

　パソコンクラブ，おしゃべり広場

大手ゆめ空間：http://www.ohtemachi.jorne.ed.jp/volunteer/school_volunteer.html
パソコンクラブ・保護者のページ：http://www.geocities.co.jp/NeverLand-Mirai/5318

（執筆協力：上越市立大手町小学校・大手ゆめ空間／同小学校PTA会長　原 省司）

地域がつくったビオトープ「三渓の森」——地域による学校環境支援

(香川県高松市立三渓小学校)

1. 学校を取り巻く環境

　本校が位置する高松市三谷町は，水田が広がり，水と緑に恵まれた豊かな自然と，古墳跡が存在する歴史を受け継ぐ町である。北隣の町には，未来に向けた都市づくりの中核をなす文化的施設があり，学校の北と南にそれぞれ自然と文化の香りが漂う地域である。また，市街化調整区域で，人の出入りが少なく，保護者や地域の人同士の人間的な結びつきが強く，学校教育に強い関心を持ち，とても協力的である。そのため，各種行事を通して，学校と地域との交流もさかんに行われている。

2. 地域と学校が共につくるビオトープ「三渓の森」

(1) 子ども，地域の願い

　本校は平成5年度から地域に学ぶ総合的な学習（三郎学習）を行っており，子どもたちには人や自然とのかかわりを通して，ふるさとを愛する気持ちが育っている。このような学習の成果を表現し，伝えたいという子どもたちの強い思いがあった。また，平成8年，創立百周年記念式典を4年後に控え，三谷町のシンボルとなるものをつくりたいという地域の人たちの願いも強くなってきた。そこで，学校のプールの移転・新設によるプール跡地を子どもたちや地域の人の思いを実現する場にできないかという発想から，このビオトープづくりが始まったのである。

(2) 地域と学校の協働作業

　①ビオトープ研究——高知県メダカフェスティバルへの参加

　当時は「生物が生息する空間」を意味する「ビオトープ」の言葉自体も一般に普及しておらず，まず，ビオトープとは何かを探ることから始めた。その研究の一環として平成8年8月，高知県生態系保護協会が実施した「メダカフェスティバル」に参加する機会があり，子どもや保護者，地域の人，教員でバスを借り切り，出かけた。そこで，子どもたちによる三渓ビオトープのビジョンの発表や現地の方々との交流を通して，ビオトープの意義や重要性を学び，みんなの意欲が高まった。

　②名前の決定と設計図

　みんなのふるさとへの思いや夢を名前や設計図に表すことから本格的なビオトープづくりがスタートした。人間や自然の生き物みんなが心を通わせ，集えるふるさとに，そしてそれが未来へずっと続いてほしいという願いから，名前は「過去と未来のかけはし・三渓の森」と決定した。また，子どものアイデアをもとに，設計士である地域の方のアドバイスを受けながら設計図を作成した。それは，地域の代表的な山や川，池が描かれ，みんなのふるさと三谷町を縮小して表したものだった。

③心通わせた協働作業

　その後，創立百周年事業部の方を中心とする地域の人，保護者，教員で週末ごとに集まり，作業が続いた。休日は大型機械を使う大がかりな作業や大人の手を必要とする専門的な作業を多く行った。業者に一任するのではなく，自治会長をはじめ地域にいる「専門家」が様々な場でリーダーとなり，みんなの手で作業は進められていった。建設業の方がショベルカーで土を掘ったり，クレーン車で石を設置したりした。造園業の方が中心になり，三谷町に多く見られる木々を植えていった。お母さん方は昼食のうどんやお茶の用意に汗を流した。共に作業しながら，みんな，数十年前の小学生時代に思いを馳せ，「わしが小学生の頃，あの川にホタルがたくさんおってなあ……」「わしはシジミを毎日獲りよった」と，昔のふるさとを懐かしむ話に花が咲いた。人々の顔は生き生きと輝き，小学生の頃の笑顔だった。このような協働作業を通しての触れ合いは教員，地域の人にとって，学校や地域を見つめ直す機会となり，各々の世代や立場を超えて心を通わせ，地域を愛する気持ちが育っていった。

④子どもたちの作業

　子どもの作業の多くは，アドバイザーとして参加してくれた地域の方と一緒に，「総合的な学習の時間」に行われた。土手を粘土と石で固めていく作業を子どもと地域の人が力を合わせて行う中で「ふるさとを見つめ直す心の触れ合い」が見られた。寒い冬の風にさらされる中での作業だったにもかかわらず，メダカが泳ぎ，ホタルが飛び，せせらぎが聞こえる川を夢見ながらの作業は実に楽しいものだった。

⑤ビオトープ「過去と未来のかけはし・三渓の森」の完成

　起工式から1年，池には水が満ち，植樹した木々も根づき，地域の山や池をモチーフにしたビオトープがほぼ完成した。平成10年11月には，子どもたちが地域で見つけた生き物を三渓の森に放す「命輝け三渓の森集会」が開かれた。その後も三渓の森は，「学習の場」，「憩いの場」，「共生の場」として生かされ，平成12年11月の学校創立百周年記念式典において，その完成をみんなで祝い，喜び合った。

3．地域と共に歩むビオトープ

　三渓の森には，子どもがふるさとへの思いを描いた図絵や看板，昔の城跡を示す石がある。地域をモチーフにつくられた三渓の森には，自然生態系保護というビオトープ本来のねらいだけでなく，地域みんなのふるさとへの愛情が込められている。毎年，子どもたちが開く「ホタルの夕べ」には大勢の人たちが三渓の森に集まり，ふるさとや自然への思いを語り合う。また，環境整備等の作業ではボランティアの子どもや大人たちが共に汗を流して取り組む。地域と学校が一体となってつくり上げた三渓の森に込められた願いはその後も受け継がれている。三渓の森がその名のとおり，「過去と未来」，そして「地域と学校」を結ぶ「かけはし」となり，三谷町の「心のふるさと」であり続けるよう，今後も地域と学校が共に歩んでいきたい。

（執筆協力：高松市立三渓小学校教諭　大熊裕樹）

学校評議員制度を生かした学校経営──2年間の成果を3年目に生かす
（栃木県宇都宮市立城山東小学校）

1. 本校の概要
　東京から北へ100km，栃木県の中央に位置する県都宇都宮市の北西，塀や建材として需要のある大谷石の産地・城山地区の東に位置する小学校である。児童数270人（12学級）・職員数23人，大谷石関係・農業・会社員・その他に従事する保護者の価値観は多様化しているが，ＰＴＡ活動への参加や活動支援（Ｖ・Ｔ）等，学校教育には協力的で熱心である。平成12年度に学校評議員制度を導入して平成14年度で3年目に入る。

2. 学校評議員制度導入
　（1）モデル校としてスタート（宇都宮市の小学校数59・中学校数21）
　宇都宮市では，市民参画の仕組みづくりの一環として学校評議員制度を導入した。

　平成12年度─小学校5校のモデル校
　平成13年度─小学校59校で全校導入中
　　　　　　　中学校2校のモデル校
　平成14年度─中学校21校で全校導入
　※本校は平成12年度スタート
　「地域に信頼される特色ある学校づくりの推進──学校からの積極的な情報発信を通して──」

○目的
　保護者や地域住民の方々から学校運営についての多面的・建設的意見をいただきながら，特色ある教育活動を積極的に推進する活気と魅力ある学校づくり，開かれた学校づくりをより一層推進する。
　また，校長が，学校評議員に対して学校の活動状況等について十分説明する機会を設けることなどを通して，学校としての説明責任を果たしていくことができるようにする。

　（2）初年度の取り組み──1年に4回の開催（5月・7月・12月・2月）
　地域に信頼される学校にしていくためには，まず第一に地域に開かれた学校でなければならないと考え，「開かれた学校」ということに関して，どのようなイメージを持つか聞き，学校と評議員との共通理解を図るところからスタートした。
　また，本校の特色（よさ）を認めてもらうには本校の教育に関する情報発信を積極的に行うことと位置づけ，情報の媒体・内容・発信の方法等の改善をしていくことを確認し合う。保護者のみでなく，地域に回覧し，「情報発信の基地」としての意識を高めた。
○意見聴取の内容（例）
　地域住民の授業参観と参加・活動支援（Ｖ・Ｔ），勤労体験活動支援（田植えや稲刈り・野菜作り），地区懇談会の実施，地域との連携を図った運動会，創立記念日の講演者の推薦（卒業生），行事の評価（アンケート），学習発表会の地域参観

○意見聴取事項については，必ず校長の判断と取り組み状況を報告，説明する。
　(3) 2年目の取り組み（年4回は同様，城山地区5校で情報交換を主に連絡協議会）
　初年度の課題から本年度のテーマを決定した。
「地域に信頼される学校づくりの推進」をさらに深化・拡充――共に触れ合う喜びを感じられる学校――をめざして，福祉教育の充実や道徳的実践力の涵養，勤労体験活動の充実，「総合的な学習の時間」の充実を図る。
　　① 意見聴取の内容（例）
　幼稚園・保育園との交流（生活科や稲刈り・田植え見学招待等），視覚障害者との交流（中学年），高齢者や独居老人との交流（高学年）方法等，大谷石細工講師紹介等学習交流や行事交流，施設訪問や職員交流等，ボランティア活動案
　　② 期待した成果
　多様な人とのかかわり，世話をした満足感とお兄さんお姉さんになった自覚，幼・保・小の連携，教職員の視野の広がり等，地域の見直し
　(4) 3年目の取り組み（定期異動による校長のバトンタッチ）
○今までの方針の引き継ぎと新校長による新たな課題への取り組み
　　校長が「学校外の意見を聴取する機関」であり，「学校評議員は，校長の学校運営を支援するもの」であるという学校評議員制度についての考えを再確認する機会が与えられた。
○完全学校週5日制に関して，ボランティア活動等についての意見聴取

3．学校評議員制度導入の成果
　(1) 学校からの積極的な情報発信がなされた。
　(2) 地域と連携・協力した特色ある教育活動の推進を図ることができた。
　(3) 教職員の意識改革と協力体制が充実してきた。
　(4) 地域活動への参加と，評価活動の見直し意識の高揚。

4．学校評議員制度導入の課題
　(1) 学校評議員の人選が難しい
　　① 地域の情報のキャッチ
　(2) 学校を外に開く制度
　　① 意見聴取の内容や方法，採用の有無
　　② 評議員会の内容公開はどのような方法でどの程度やればよいか
　　③ 理想的な評価のあり方の研究
　(3) 校務の過密化
　　① 資料の作成と記録累積等の時間確保
　　② さらなる教職員の意識改革と連帯・協力

（執筆協力：宇都宮市立城山東小学校教頭　須見惠子）

沼間中学校運営地域協議会の活動——生徒も参加する学校運営組織
(神奈川県逗子市立沼間中学校)

1. 学校と地域との連携
　開校以来，地域との連携による様々な教育実践を積み重ねてきたが，これまでの学校運営は，学校の企画立案したものに，保護者・地域の方々に協力をしていただく学校中心，学校主導型が主であったことは否めない。

　これからは，企画・立案の段階から保護者や地域の方々の声や意向を反映させる参画型の学校運営を推進していくことが要になる。学校は地域のものであり，地域によってつくられるものであり，地域の中で育てられていくものであることを，教職員が十分認識して，情報を公開し，発信し，学校教育目標とそれに基づく具体的教育計画を説明し，責任を明らかにし，また，その実施状況について自己評価をする学校運営が必要であると考える。

2. 運営地域協議会の設立
　目を輝かせて行動し，よりよく生きようとする子どもの成長を助ける営みである教育の中学校段階では，どのような教育活動を体験させ，どのような学習をさせ，どのような力をつけさせるのか，大人がどのような形で支援できるのか，また，生徒の描くイメージ（学習方法や学校生活に対する希望や夢）に合った学校づくりをどのように進めるか等の諸問題を協議する場として「沼間中学校運営地域協議会」を平成11年4月に設立した。この協議会では生徒も委員として参加して，思いを述べることができるようにした。

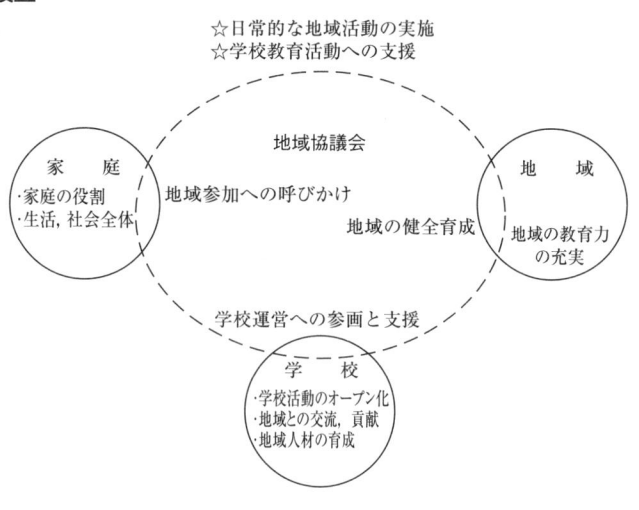

地域協議会（「沼間中学校運営地域協議会」）の位置づけ

3. 運営地域協議会の目的と構成委員
　本協議会は，学校，家庭，地域が連携協力し，相互に補完しつつ一体となって，生

徒の健やかな成長を図ることを目的とし，振興会，民生委員，青少年育成推進の会，商店連合会，自治会，子ども会，沼間体育会，卒業生，小学校，各学年委員会（保護者の会）の代表者と本校の校長，教頭，教務主任，各学年主任，研究主任，担当教師，生徒代表（生徒会）で構成し，定例会を年3回（5月，7月，1～2月）開いている。必要によっては，臨時会，分科会を開くこともある。

4　協議内容

　本校の行事，教育課程，生徒指導，生徒会活動等学校運営全般に関することと，地域課題（地域防災・地域での健全育成）が主なものである。

第1回運営地域協議会

開催日　平成12年5月6日（土）
(1)　役員委嘱
(2)　自己紹介
(3)　今年度の学校経営方針（校長）
(4)　今年度教育計画の説明
　①研究：「総合的な学習の時間」の取り組みについて（研究主任）
　②学校と地域防災について（教頭）
　③学校行事について（教務主任）
　④各学年の教育計画について（各学年主任）
　⑤生徒会活動・行事について
　　　　（生徒会担当・生徒会長・副会長）
(5)　意見交換

第2回運営地域協議会

開催日　平成12年7月15日（土）
(1)　校長挨拶と全体中間報告
(2)　生徒に気軽に声をかけられるシステムづくりについて
(3)　「総合的な学習の時間」の経過報告と各学年行事の中間報告
(4)　「体育祭」の種目と参加協力について
(5)　「ふれあいフェスティバル」への参加協力について
(6)　現行の時間割りについて
(7)　通学路の危険箇所について
(8)　オブザーバーの募集について

第3回運営地域協議会

開催日　平成13年1月20日（土）
(1)　校長挨拶と全体報告
(2)　今年度の反省と評価
　①学校経営方針について（校長）
　②研究について（研究主任）
　③総合的な学習について（研究主任）
　④防災について（教頭）
　⑤学校行事について（教務主任）
　⑥学年の教育について（各学年主任）
　⑦生徒会活動・行事について
　　　　（生徒会担当・生徒会長・副会長）
(3)　今年度のまとめと来年度への課題
(4)　予算についての報告（教頭）

5．今後に向けて

　この4年間，規約の改正や協議会の公開，協議会ニュースの発行等，開かれた協議会をめざしてきた。今後，学校の自己評価に加え，委員による学校評価を考えたい。

（執筆協力：逗子市立沼間中学校校長　長崎祥夫）

『片小ナビ』と情報公開——家庭との連携

（大阪府吹田市立片山小学校）

1．学校区の概況

　本校は吹田市の旧市街地と新興のマンション群を校区に含み，児童数は1,010人を超え，通常学級が28クラス，養護学級が4クラスという吹田市で最も規模の大きな小学校である。校区にはＪＲの社宅があり，かつては1,500人近くの児童の在籍があり，7割を超える児童がＪＲ職員の子どもたちという時代があったが，国鉄民営化に伴う人員削減の影響で，今では本校児童数全体の3割ほどに減少している。一方，新興のマンションには転勤等で大阪に引っ越して来る人々の子どもが増加し，ＪＲの社宅に住む方々も含めて日本全国からの転入が見られる地域でもある。

2．『片小ナビ』の発行と意義

　『片小ナビ』は，「保護者のための片山小学校ガイドブック」（Ａ4判，96ページ）の略称でもあり，「愛しいわが子に最も関心をもっている保護者は，その子どもが毎日通う学校が，実際はどうなっているのかといった"等身大の姿をきちんと分かりあう"ことが最も大切」（このナビの仕掛け人の大阪大学小野田助教授）であるとの認識のもとに，伝統的に経験でしか判断してこなかった（せざるを得なかった）学校が，どのような職種の人々により，どのように運営されているかを紹介しながら，保護者が学校の全体像を把握できるようにとの意図のもとに作成されたものである。保護者が，わが子の教育にかかわって怪我や事故，あるいは学校とやりとりするいろいろな書類や手紙のことで，なにか困ったことがあった時に，このガイドブックの活用が役立つということで，保護者にとってはおおむね良好な評価をいただいている。

　この『片小ナビ』の作成は，平成12年度に大阪大学人間科学部の小野田助教授の提案を受けたものであり，第1号の原稿の執筆等はそのほとんどが小野田研究室の大学院生や大学生の手によるものである。教職員やPTA役員に対するインタビューを重ねながら，本来学校の外部にいる大学院生たちが苦労しながら原稿を書き上げていった。当然，最後には学校長はじめ教職員，PTA役員の校正を経て完成させたが，保護者が求めている学校情報がこのナビに十分盛り込むことができたとは考えていない。第1号の発行のあと，何度か保護者と意見を交わすことがあったが，すでに子どもを通わせている保護者にとっては，「このナビの情報ではもの足りない」という感想も多くあった。あるいはもっとシビアに「担任を代えてもらうための方法が知りたい」とか，「日常の子育ての悩みに関することの解決につながるものがほしい」など，いわば保護者の学校について知りたい情報（あるいはノウハウ）は山のように多種多様なものであり，面談を通じてなら提案や説明ができるがというものも数多くあった。

3．『片小ナビ』と学校の説明責任

　昨今「説明責任」という言葉が盛んにいわれ，当然学校においてもその説明責任を果たすことが求められる時代となっている。この『片小ナビ』についても，説明責任を果たすための取り組みの一つとしてとらえてくださっている方もおられるが，「疑問に答える」のが説明責任の大きな目的だとすれば，このナビで説明責任が果たせているとは考えていない。それよりも，肩の力を抜いて保護者と一緒に「わが学校」を確認し合えたことがなによりも大きな成果であったと考えている。保護者の方々とナビを通して語り合うことで，保護者が学校に対して何を支援できるのかなど，より意識化してくださることにつながったのではないかと考えている。

4．学校情報の公開と『片小ナビ』

　ここ数年，吹田市においても学校ホームページを立ち上げて，学校の様子を保護者に伝えようとする営みも盛んになっている。1年間の学校行事の様子や学年での学習の様子を写真入りで伝え，進んだ学校では修学旅行などアップデートで保護者に伝えている学校もある。その意味では『片小ナビ』はアナログ版のホームページでもあると言えるが，学校改革が求められる今日，年ごとに変わっていく学校の姿を伝えることにおいては，ホームページでの情報提供の方が有効である。急速に家庭にも普及するパソコンが，これからの時代，学校情報を得る大きな手段となることは疑う余地もない。しかし，インターネットを通じて知る学校の姿が，保護者と学校が協力・支援し合うための情報提供につながっていくかどうかはこれからの課題である。学校の教育活動に保護者が触れ，じかに感じることを通じて学校と家庭の距離が近づき，保護者が学校を理解することにつながっていくのではないだろうか。その意味において『片小ナビ』は保護者と学校をつなぐことに，いくばくかの役割を果たすことができていると感じている。

5．今後の課題

　今後，学校情報の公開は様々な手段を通じて進められていくであろうが，学校にとっては不都合な情報を公開することには躊躇の意識が働くものである（その意味では『片小ナビ』もまたしかりである）。実際の姿より「より立派」に受けとめてもらえるように学校をアピールしようとの意識のもとでの「情報公開」というより「情報提供」になってしまいがちである。

　しかし，情報提供の努力を学校が重ねていくことにより，家庭や地域にとって学校がより身近になるし，ナマの情報提供としての参観や懇談，あるいは保護者との親睦の機会，保護者の支援を得ながら進める教育活動等々を通じて，学校の実像に触れる機会が多ければ多いほど，学校と家庭が連携するための素地ができあがってくるのではないだろうか。また，その情報公開（提供）においても，学校という裃を着た，硬いものでなく，肩の力を抜いた普段着の学校を知ってもらうための提供でありたい。

(執筆協力：吹田市立片山小学校校長　森 史郎)

嘱託社会教育主事の実際——校内に地域連携の窓口

(宮城県仙台市教育委員会)

1. 嘱託社会教育主事制度

　仙台市教育委員会が，市立学校に勤務し，社会教育主事の資格を有する教頭・教諭に対し，社会教育主事を委嘱する制度である。委嘱された社会教育主事は，学校教育に携わりながら社会教育主事としての専門性を発揮し，学社連携・学社融合などの社会教育活動を推進するものである。この制度は昭和46年に発足し，昨年（平成13年）30周年記念式典を実施した。平成14年度の委嘱辞令交付者は151人で，小学校74校（全122校），中学校30校（全63校），養護学校1校（全1校）に配属されている。なお，本制度発足と同時に設立された「嘱託社会教育主事研究協議会」では，市教育委員会の運営補助を受け，会員の研修，市民センター（公民館）との事業共催，調査研究，広報など嘱託社会教育主事同士の連携を図りつつ，本市の社会教育の推進に取り組んでいる。

2. 嘱託社会教育主事の人材確保と設置要項の整備

　文部省の委託により東北大学の社会教育主事講習が開始されたのは，昭和34年である。当初は行政職員だけが受講したが，昭和42年から市立学校に勤務する教職員も受講するようになった。昭和50年からは現在の国立教育政策研究所社会教育実践研究センター主催の社会教育主事講習も加わり，受講者数は年々増加してきた。平成2年には生涯学習の理念の広がりに対応すべく，従来の設置要項の見直しを行い，規定の単位を大学で取得し，6年以上の教諭経験のある者も嘱託社会教育主事として委嘱するようになった。

　また，設置要項の見直しのさい，嘱託社会教育主事の職務を明示したことで，具体的な行動の目標が明確になった。その目標の主なものは次のとおりである。
・青少年の地域活動や社会参加についての指導，援助および促進
・地域における社会教育関係団体の育成および援助
・学校，公民館（市民センター）などの教育機関や社会教育関係団体が行う社会教育事業への協力

3. 嘱託社会教育主事の活動・役割

　嘱託社会教育主事の活動は，本務とする学校教育の場や勤務地域，あるいは生活本拠地域などの様々な社会教育の場面に及ぶ。
〈主な活動〉
・地域の子供会指導
・インリーダー研修会（子供会リーダー研修，世話人研修）指導
・ジュニアリーダー研修会（初級，中級，上級）指導

- 市民センター等での青少年事業講師
- 学社連携推進事業企画，運営　　・余裕教室活用事業企画，運営

〈生涯学習にかかわる校内での主な役割（窓口）等〉
- ＰＴＡ活動　・おやじの会　・子供会　・社会学級　・ふれあい学級
- 学校開放　・地域連携（町内会，体育振興会，健全育成会，少年団等）
- 総合的な学習の時間　・学校行事（体験学習等）

この中から，学社連携に関する最近の取り組み事例を2件紹介する。

(1) スクールパートナー・ジョイント事業（平成12年度）

　教育を取り巻く社会的な情勢が大きく変化してきている中，嘱託社会教育主事に求められる役割も多様化した。この事業は，保護者や地域との信頼関係が深く，的確な情報を持ち，専門的な知識や能力を発揮できる嘱託社会教育主事が社会教育の一環として活躍できる場を確保したものである。地域の社会教育施設（主に市民センター）と企画や運営の部分で連携し，事業（講座）を地域に発信する取り組みは，学社連携・融合を推進する上で大きく前進するものである。

- 七郷みんなのフリーマーケット　　・魚の宝庫でキャッチング，地曳網体験
- 親子できのこ採り in 荒浜　　　　・縄文体験教室
- 電子工作を楽しもう　　　　　　　・雪に遊ばれてみたい in 泉ヶ岳　等

(2) 学びのコミュニティづくり推進事業（平成13年度）

　仙台市教育ビジョン「まなびの杜21」のキーワードはパートナーシップである。この事業は子どもの健やかな育ちを支援する多様な人間関係を地域に育て，新しい学びの仕組みを創造しながら，学校・家庭・地域社会が各々に持つ教育機能を相乗的に発揮することをめざすものである。嘱託社会教育主事は学校や市民センター，地域団体と連携し，企画や運営，コーディネート，講師等で活躍している。

- 榴岡かいわい学びのコミュニティ　　・ふれあい学びネットい・ず・み
- まちがっこ　・ひろせやまがっこ　・沖野学びのコミュニティ　等

4．課題と今後の展望

　学校と社会教育施設の連携は，開かれた学校づくりをめざす上で必要不可欠なものであるが，その牽引役を務める嘱託社会教育主事は，現実には多忙であり，活動をする時間の確保がかなり難しい。嘱託社会教育主事が地域コミュニティ・コーディネーターとして十分に活躍できるよう，その位置づけなど，学社融合のシステムをさらに検討していく必要があると考える。また，相互間の情報交換や研修会・ワーキングの充実を図りながら，今後の活動の広がりを展望することも大切である。歴史あるこの制度が仙台市の生涯学習社会構築の原動力となることを期待したい。

（執筆協力：仙台市教育局生涯学習課社会教育主事　齋藤浩一）

「地域連携担当者」の実際——校務分掌に連携担当教員を位置づける

(神奈川県茅ヶ崎市立緑が浜小学校)

　茅ヶ崎市は，平成5～7年に当時の文部省から「学校週5日制実践研究地域」として研究指定を受けた。人口20万人の都市としては最大の研究規模のものであった。その研究の一環として第5土曜日を「地域ふれあいの日」として設けた。そこで誕生したのが「地域連携担当者」である。各校では校務分掌に位置づけ，教育委員会では情報交換や研究の進め方についての協議会も設置した。指定研究終了後も，連携担当教員が学校の窓口となり，地域と積極的なかかわりができるところまで進んでいるようである。

1．緑が浜小学校の地域連携の概要

　本校は，平成13年4月に開校した小学校で，地域に愛される学校づくりが始まったばかりで手探り状態であることはしかたがない。一方で，校長としては新設校であるがゆえに思いきった発想を生かせる利点もおろそかにはできないと考え，「新しい地域連携」のあり方を生みだす方針でスタートさせたところである。

2．「地域連携」の理念と学校経営

　緑が浜小学校では学校経営案に「地域連携」に関して次のように明確な理念を提示した。

　(1) 地域連携への先鋒として「在籍児童の保護者集団づくり」を

　保護者に背を向けられている学校が「地域連携」を唱えても地域は動かない。そのためにもPTA組織の活性化は軽視できない。保護者集団が「わが子のために」真剣に活動する姿があって初めて地域との連携がスタートするものと考えている。次のような実践を行っている。

　　① 校長による「保護者教育」(月例・第4土曜日)
　　② 保護者組織に「祖父母」の位置づけ(組織の役員に祖父母代表を)
　　③ 従来のPTA組織づくりからの脱却

　(2)「学校教育情報」の周知を工夫する

　学校は，内情を隠そうとしているわけではないが，世間には理解されていないようだ。学校には児童やその家庭，あるいは教職員の個人情報が多いので，その部分については十分な注意を注ぎつつも，積極的に学校教育情報を開示しようという努力にはかなりの学校間格差があることは事実である。本校では以下のことについて取り組んでいる。

　　①「全体保護者会」(＝年間5回)の実施
　　② グランドデザイン(学校経営案)の全家庭への配布
　　③ 就学前の幼児・その保護者への「学校公開」と教育相談

(3)「役立つ学校」であるための努力

施設提供だけの「役立つ学校」には、地域は心底から感謝などしない。役立つ学校の条件とは、教職員の教育力を地域に開くことであると考えている。かなり立派な研究をしている教員がいても、地域への発信はほとんどがなされていない。そこで本校では、次の取り組みを始めている。
　① 地域向けに「学習講座」を開く
　②「地域子育て支援」事業に協力する
　③ 地域社会福祉協議会事業「老人の集い」に協力する

3. 連携担当教員配置の成果

本校における連携担当の教員の主たる実務は、「緑が浜小学校区青少年育成推進協議会」（小学校区に設置されている）との窓口である。月例の会合には校長・教頭と同席し、学校からの情報を発信すると同時に地域からの情報を得て、学校教育関係者への伝達をしている。2年目にしてその足跡を明確にしつつあるのがうれしい。

授業や学年行事に「地域教育力」（学区だけに限らず）を採用した実績を集約して情報として提供していることは、地味ではあるものの担当者の重要な責務である。人材バンクは1校で簡単につくれるものではないが、地域連携担当者としての業務を考えれば、この種の地道な情報収集は今後の教育課程を確固たるものにする重要なポイントになるであろう。大いに期待したいところである。

4. 地域との協働による「学校づくり」の課題

地域連携担当者は教員である。この担当者が後援してくれる筈の教師集団からソッポを向かれるようでは、学校づくりは一歩の前進もない。学校づくりは「内部から」といわれる所以である。地域には学校との連携を歓迎する意識は確かに強い。それを阻害する要因は学校づくりの主役であるべき学校内部にあるといっても過言ではないだろう。とりわけ、教員集団の意識変革は急務である。

新設校であれば何でもできるというわけではない。しかし、地域連携担当者の教員もそうであるが、「担当制」を敷いた校務分掌では一人ひとりの教職員が自己の責任において担当制を全うしようとしている姿には校長としても頭が下がる。

学校づくりは、地域との連携を請う前に学校内部の人間関係の「好ましい連携」を整備する必要があると確信している。地域連携担当者が校内のスタッフの信頼を受け、責任を持って地域の会合に出席することができるような体制づくりが大切な課題である。

（執筆協力：茅ヶ崎市立緑が浜小学校校長　角田 明）

学校をスリム化させる学社融合——スリム化で豊かな教育環境づくり

(栃木県鹿沼市立石川小学校)

　栃木県の中西部に位置する鹿沼市。その南東端に，児童数143人，教職員数17人の鹿沼市立石川小学校がある。東北自動車道鹿沼インターチェンジからわずか5分ということもあってか，本校を訪れる視察者は年間数十組に及ぶ。本校が日本で初めて学社融合に取り組み，その実践が7年経過した今も活発に行われているからである。

1．2日に1回の割で進められる学社融合活動

　学社融合には広義と狭義の学社融合があるが，本校の場合は，狭義の学社融合の立場をとり，学校の授業と地域活動を重ね合わせるところに特色を持っている。

　たとえば，地域の音楽家の演奏活動と音楽の授業を重ね合わせた融合活動や，地域の国際理解普及活動と学校の国際理解教育の授業を重ね合わせた融合活動などを行っている。これらの融合活動を行うため，学習支援委員会が組織されている。たとえば，地域の音楽愛好家と担当教師で組織する音楽科支援委員会，国際交流地域グループと担当教師で組織する国際理解教育推進委員会などである。それら学習支援委員会によって本校の学社融合活動はコーディネートされているのである。

　このような本校の学社融合は，平成13年度には11の分野で進められ，延べ143日にわたって活動が展開された。その割合は授業日数の59.8％であるから，2日に1回の割合で融合活動が行われたことになる。支援者は441人で，保護者1人当たり4.2回活動した計算になる。この結果から，本校では，学社融合活動が着実に定着し，計画的組織的な活動として継続されているといえるのではないだろうか。

2．発想の転換で学校をスリム化する

　本校では学社融合の成果を「学校教育の充実とスリム化，及び社会教育活動の活性化」ととらえている。学校の授業に多くの地域人材を導入することは授業を充実させるだけでなく，学校にスリム化をもたらし，また同時的に社会教育，すなわち地域活動を活性化させるものでなくてはならないと考えているのである。

　学社融合による学校のスリム化については，平成14年度6月に実践したPTAと児童によるプール清掃作業の例がある。この作業は，平成13年度までは勤労生産的奉仕的活動として学校行事に位置づけて行ってきた。それを平成14年度は，PTA奉仕作業に移行し，日曜日に行ったのである。その結果，平成13年度までは52人×4時間＝208人時間（ほぼ3日間）かかった清掃作業が，31人×2時間＝62人時間（1日間）で完了し，学校は，146人時間というスリム化を手にすることができた。作業時間が大幅に短縮され，児童，教職員の負担は軽減するとともに，プール清掃に使われていた4時間を別な学校教育活動に充てることができるゆとりを生みだしたのである。

　この実践は，学社融合の考えに基づいて行われた活動の一つである。また，学校の

授業にこだわりを持っているからこそ生まれた発想の転換であった。プール清掃作業が持つ教育的意味は、それが勤労や奉仕の精神を培う活動であるというところにある。これまでは、学校が単独でそれを教育活動として行ってきたが、児童数、教職員数の減少により負担が増大するばかりであった。その解消の手だてがPTAによる奉仕作業への移行ということになるわけであるが、その実行は、単なる負担軽減の発想からだけの決断ではない。PTA奉仕作業に移行しても、そこに児童と教師が参加することにより、これまで同様、勤労的奉仕的精神は培えるという判断があってのことである。学校教育という場だけではなく、もっと幅広い教育活動の中で、児童を育てていくという発想の転換を踏まえてのことである。プール清掃作業そのものは学校教育活動ではなくなったが、児童の参加と教職員の意図的な教育的介在によって、PTA活動でありながらも、学校教育活動として行っていたのと同様、あるいはそれ以上の教育効果をあげることができたのである。しかも、夏期休業中にプールを利用するPTAとしては、プールを清掃するのは当然であるというPTA側のプール清掃への主体性、必然性の意識の芽生えを伴いながらできたのである。

3．学社融合による学校のスリム化は削減でもなく縮小化でもない

　2学期開始と同時に中国から1人の1年生が転校してきた。日本語は全く話せない。ふつうならまたまた重い課題を背負ったことになるのであろうが、本校ではそれが学校の重荷とはならない。転校1週間後には、はやくも学習支援委員による日本語教育がスタートした。国際理解面での学社融合活動の推進役である国際理解教育推進委員会メンバーが、毎日交替で学校を訪れ、1日1時間程度の個別指導をしてくださるのである。しかも教材まで持参した上でである。そして、その1年生の父親、母親に対する日本語教育を行う意図までを持ちながらである。

　この事例は、学社融合による学校のスリム化を象徴するような事例である。学校あるいは学校教育には次々に新たな課題がもたらされる。なかには学校だけでは到底解決しきれない課題がある。今回の日本語教育にしても、それを現状の教職員で対応しようとすればオーバーワークになる。しかし、地域には国際交流活動に興味を持ち、積極的にそれを推進している方々がいる。その方々と学校が手を結べば、学校の新たな負担も解消するし、地域の国際交流活動家は新たな活動の場を得ることになる。

　学社融合による学校のスリム化は、学校がかかわる教育活動の削減でもないし、活動の縮小でもない。学社融合は教育活動をより活発化していくにもかかわらず、学校の負担を増大させない、あるいは省力化することを可能としたのである。学社融合により、学校と地域・家庭の教育的な協働化が進み、学校だけでなく、地域や家庭自らが、子どもたちにより豊かな体験をさせることができる教育環境を整えていくようになったのである。本校の7年間の実践がそれを実証している。

（執筆協力：鹿沼市立石川小学校校長　薩見君江）

住民と生徒が共に学ぶ公開講座——融合授業で生徒・教師・住民が変わる

(東京都品川区立荏原第一中学校)

1．取り組み開始の背景

　品川区は，平成12年度より，独自の教育改革として「プラン21」を立ち上げ，各学校の特色ある教育活動をサポートしている。従来，各学校の特色は校長や教職員の異動とともに消滅してしまいがちで，特色として認知されないうちに消えてしまうものが多かった。そこで，特色が引き継がれ，根を下ろすには，教職員の異動に左右されないような仕組みをつくることが必要であるという教育長の考えのもと，いくつかのプランが区教育委員会より示された。「公開講座」はその一つである。本校がこれに取り組むことにしたのは，教職員が地域の住民と日常的にかかわることにより，地域の教育力の向上と教職員自身の資質向上を図りたかったからである。また，生徒にとっては異年齢の方々と共に学ぶ体験を通して自己の生き方を模索する契機となると考えたからである。

2．取り組みの内容

　「公開講座」は中学校の授業内容を地域の住民に見ていただくのではなく，生徒と机を並べて，一緒に授業を受けていただくものである。本校は平成12年度より，3年間，「公開講座」を行っている。開く講座は年度により，多少，変更しているが，参加者の多い講座は毎年，開いている。参加住民の年齢は30代から80代までと幅が広い。次の表は，平成12年度の取り組みである。

教科・コース	内　　容	実施時間	参加者延べ人数
国語（3年選択）漢字検定	漢字検定 11月4日に受検	6月より 毎週1時間	96
国語（3年）古典入門	三大歌集により，和歌鑑賞 （万葉，古今，新古今）	12月に4時間	32
数学（3年選択）数学検定	数学検定 10月21日に受検	6月より 毎週1時間	48
音楽（2年選択）コーラス	手話つきの歌，ドイツ語の歌 11月3日，生徒と一緒に舞台発表	6月より 毎週1時間	84
英語（全学年）	道案内，レストランでの注文の仕方　等	6月～7月 各学年3時間	34

3．住民への参加の呼びかけ

「学校だより」，「学年だより」等で呼びかけたほか，ＰＴＡからも呼びかけをした。各町会長宅を訪問してこの取り組みの説明をし，協力をお願いした。どの町会も協力的で，回覧板を回す時，町会長自身の推薦コメントを添えてくれた町会もあった。また，全町会が宣伝ポスター（教員が作成）を町会の掲示板に貼ることを快く承諾してくれた。近隣の小学校にも案内プリントを全家庭に配布するという協力をしてもらった。

授業参加希望者にはガイダンスを行った上で受講する授業を決めてもらった。授業については，中学生と全く同じ扱いとした。

参加者は，１年目は地域住民が１割程度，大半は本校の保護者であったが，２年目以降，地域住民の割合は少しずつ増えている。特に漢字検定コースとコーラスに希望者が多い。

4．成果

〈生徒の声〉
  ○すごく楽しかった。
  ○私ももっと勉強しなくっちゃ。
  ○大人のパワーに負ける。

〈参加住民の声〉
  ○何十年ぶりかの授業だったが楽しい時間だった。
  ○子どもたちが素直でうれしかった。
  ○生徒の感性の豊かさや発想のおもしろさに触れ，充実した時間を過ごせた。

〈教師の声〉
  ○大人が一緒だと緊張する。
  ○大人が積極的に発言するのが生徒によい刺激になっている。
  ○生徒の授業態度がよくなった。

以上の他に授業参観を通して感じたことや直接，住民参加者から得た感想を加えると，次のように成果がまとめられる。

- 教師の変容：教材や指導方法に工夫が見られたこと
- 生徒の変容：参加住民の授業態度を見習う姿勢が見られたこと
- 学校の理解が地域住民に広がったこと

5．課題

(1) 授業内容……授業の枠だけで住民の学習ニーズにどこまで応えられるか
(2) 設　　備……スペースに限界がある
(3) 実施回数……参加しやすい時間帯，回数を設定しなくてはならない

(執筆協力：品川区立荏原第一中学校校長　石川節子)

「中学生による公開講座」——生徒が講師の公開講座

(神奈川県藤沢市立第一中学校)

1. 講座を開くまでの経緯

　地元の「くらしまちづくり会議(藤沢地区市民会議)人づくり部会」のメンバーでは"大人も子どもも共に育つ町づくりをしたい"と考え、平成11年度に「今なぜ地域で教育を考えるのか?」について話し合う中で、市立大清水中学校から依頼を受けて3年社会科「地方自治」の授業を計画し実践する機会を得た。この授業で中学生たちは市政に対しての要望や提案、陳情についてのシミュレーションをグループに分かれて行った。その結果は「私たちには居場所がない。ストレスが溜まり発散もできず犯罪を犯してしまうのは居場所がないからではないか。ぜひ中高生の居場所をつくってほしい」という内容の「陳情書」としてまとめられた。「私たちには居場所がない」という切実な声は、会議のメンバーの心を強く揺さぶった。翌年の平成12年度は「子どもたちにとっての居場所」について話し合いを重ねることとなった。

　子どもたちにとって本当の居場所って、何だろう?
・お金がかからず自由に出入りできる場所(この不況下で実現可能だろうか)
・ストレスを発散できる溜まり場(発散すれば犯罪がなくなるのか)
・たとえば公民館にある車椅子の点検整備サークルのお手伝いをするとか、人の役に立っているという実感が持てること(はたしてそれが心の居場所となるのだろうか)
など、議論百出する中で「最近の若者はケータイでメールの交換をしたり、パソコンを自由に使うということだから、中学生を先生役にしたパソコン教室はどうだろうか」ということになった。だれかに教えることによって人の役に立ち、他の人に認められたいという実感が持てるのであり、そのような人間関係を新たにつくり出すことが子どもたちの居場所づくりになるのではないか、とメンバーの意見がまとまったからである。

2. 中学生と一緒にパソコンしてみませんか?

　くらしまちづくり会議のメンバーから趣旨説明を受けた本校の教師たちも子どもたちの新たな可能性を探る意味で有意義な企画であろうと賛成し、会場は本校のパソコン室とすることにして早速具体的な準備に取りかかった。はたしてどんな具合になるか、興味津々の第1回目は中学生の先生役15人と生徒として集まった地域の方々35人で賑やかな楽しい一時となった。終わってからマドレーヌ(これはパソコンは苦手だけれどケーキづくりならという生徒と地域の方々による準備グループの手づくり)とジュースで参加者全員による交流会を行った。交流会での様々な意見やその後のアンケートで、参加者たちは次のような感想を残してくれた。
〈先生として飛び回っていた中学生たち〉　人に教える難しさがわかり、いつも教え

ている先生の気持ちがわかった／地域の人と触れ合えてよかった／いろいろできるようになれば自分でもうれしいけれど，それが人の役に立つと実感できた時のうれしさはもっと違った／精一杯がんばったが，思うように教えられなくて残念だった。次はもっと上手に教えられるようにしたい

〈地域の受講者〉　意を決して学校に足を運びました。孫のような中学生に優しく丁寧な手ほどきを受け，なんだかとても幸せな気分になりました／テレビなどの報道で中学生に対して先入観を持っていましたが，きちんと敬語を遣ってくれてびっくりしました

〈学校の教師〉　その後の授業で教師のアシスタントを務めてくれるようになって，授業が大変やりやすくなった／先生として活躍した生徒たちの間に連帯感ができた

〈企画者〉　生徒と住民双方に好評だったことで，達成感・満足感が得られた／継続的に地域活動としていくことが大切ではないか／次回はＰＴＡと共催でやりたい

　どんな企画もそうであるが，第1回目がなんとかできると，後はだんだんと楽しくなっていく。くらしまちづくり会議のメンバーはＰＴＡとの共催が実現した第2回を終えて，藤沢市の「電子会議室」にメールを送り添付写真と共に様子を報告してみたところ，メールを読んだ市民から「ああ，こういうのって，素敵ですね。パソコンを教えるって，そういった世代間の交流にうってつけだと思います」という感想が寄せられたりして思いがけない広がりをみせ始めている。その後，学校だけの企画の時もあったりしながら4回目，そして5回目と回数を重ねるまでになってきている。

・第1回　平成12年11月4日（土）　だれにでもできる年賀状の作り方
・第2回　平成13年2月21日（水）　デジタルカメラを使ったお知らせづくり
・第3回　平成13年7月16日（月）　暑中見舞いのはがきを作ろう
・第4回　平成14年7月17日（水）　暑中見舞い，案内状，名刺つくり
・第5回　平成14年10月19日（土）　インターネットに挑戦

3．まとめ

　この「中学生によるパソコン講座」は子どもたちの「居場所づくり」の一つとして地域の「くらしまちづくり会議」のメンバーの熱心な討議の中から中学校に提案され，先生たちがそれを真剣に受けとめて実現に至ったものである。地域の方々と学校とが話し合いを重ね，共に育ててきたといえる。当初のねらいどおりに子どもたちは大人たちに褒められ感謝されて自信がつき（まさに居場所を得て！），大きく成長していることが確かめられた。子どもたち同士で教え方の工夫などを検討したり，「次回はいつでしょうか？」と生徒（地域の方々）から予約を希望されたりするまでになった。パソコン講座にとどまらず，まちづくりの様々な分野で居場所を得た子どもたちが企画実行メンバーとなり，"大人も子どもも共に育つ"地域となるようにと期待を膨らませている。

（執筆協力：藤沢市立第一中学校校長　川口昌男）

長後共育フォーラム「にぎやか講座」──公開講座で小・高校教員と連携する
（長後共育フォーラム）

１．長後共育フォーラムについて
　藤沢市教育委員会では「学校・家庭・地域推進事業」を平成11年度よりスタートさせ，平成13年度に市内19中学校区に15の会議を発足させ，各々に対して支援を行ってきた。

　長後共育フォーラムは藤沢市の北部に位置する長後中学校と高倉中学校，長後小学校，富士見台小学校，県立長後高等学校の五つの学校とその地域・家庭を中心として結成されたものである。予算は藤沢市からの60万円である。

　初年度は23人の役員と９人の事務局員，７人の学校協力員でスタートしたが，人数が多くて「会議は踊る」の状況であった。そこで専門家にアドバイザーになっていただき，２年目は四つの部会に分かれて各々に話し合いを進めることになった。

　第一部会「健全な子供を育てる環境を考える」
　第二部会「子供たち自身の活動を支援する」
　第三部会「子供をとりまく大人の事を考える大人の勉強会」
　第四部会「子供・保護者・教師のことを調査し情報を提供する」

　平成13年度は，第一部会では地域の各種団体との連携やパトロールを行った。第二部会では小学校・中学校・高等学校の合同触れ合いコンサートを行った。第三部会では子育てに関する講演会や学校の持つ教育力を地域に還元しようと「にぎやか講座」を開くことにした。第四部会は調査アンケートをすることになった。

２．「にぎやか講座」について
①目　的　・参加者が共通の経験を通じて顔の見える関係になる。
　　　　　・子どもたちが学んでいる学校と地域の風通しをよくする。
②実施日　平成14年１月19日（土）
③場　所　長後中学校
④開設講座のテーマ
　　　　「わが校ではこんな先生がこんな授業をしています」
⑤対　象　長後地区在住の住民（成人）
⑥時間割　Ｈ　Ｒ　13：20〜13：30　五味渕会長の話
　　　　　１校時　13：30〜14：40　各教室に分かれて授業
　　　　　２校時　14：40〜15：30
⑦開設講座について
　　　　　「健康アップダンス講座」　　　　　長後高校教諭担当
　　　　　「生と性──エッチの先にアイがある」長後高校教諭担当

「おもしろ実験室1」	高倉中学校教諭担当
「おもしろ実験室2」	高倉中学校教諭担当
「コンピューターで名刺を作ろう」	長後中学校教諭数人で担当
「図工・造形遊び――流木で作ろう」	長後小学校教諭担当
「植物の栽培」	富士見台小学校教諭担当

⑧参加生徒数　約100人
⑨地域住民への講座の広報活動
　　　ポスターをつくり，町内会の回覧と一緒に回す。
　　　ポスターを商店街に掲示してもらう。

3．「にぎやか講座」を終えての住民の感想

　講座に参加した住民からはとてもよい評価を得ることができた。たとえば，「大変おもしろい授業で毎年やってほしい」という声が多く寄せられた。こうした住民の方々のご要望に応えて，平成15年度も「にぎやか講座」を実施する予定である。

［参考］藤沢市「学校・家庭・地域連携推進事業」

　この事業の目的は，子どもたちの健やかな成長を支援するため，学校に依存しがちであった教育を学校・家庭・地域が新たな連携を組み，各々が持つ機能を十分に発揮することにより，変化する社会に対応できる健全育成のための環境づくりと地域組織ネットワーク化を推進することにある。現在，市立19中学校区すべてに，そのための組織である地域協力者会議が15箇所設置された（一部地域では2校まとめて設置）。

　会議のメンバーには，学校，家庭（PTA，保護者代表，子ども会），地域（青少年協力会，民生・児童委員，自治会・町内会，社会福祉協議会，公民館，公民館運営審議会，老人クラブ，保護司，防犯協会，商店街など）から構成されている。

　そして，この協力者会議の設置を契機に，平成13年11月11日に，次のような「青少年市民のつどい・市民アピール」を宣言して，連携事業の推進を呼びかけた。

一　「学校に地域の人材を！」「地域に学校の教育力を！」そして「家庭に地域の支援を！」，三者が密に連携を組み，人と人との確かな関係づくりを図ります。
一　子育ては，地域全体の課題であり，未来の社会を担う市民を育成する観点から地域ぐるみで取り組みます。
一　学校の役割と活動について，家庭・地域が積極的にかかわりを持ち，開かれた学校のもとに互いに補完し合いながら子どもの育成にかかわります。

（執筆協力：長後共育フォーラム会長　五味渕ユキ子）

● 著者紹介

佐藤 晴雄（さとう　はるお）　日本大学教授（文理学部教育学科）

〈経歴〉1957年東京都世田谷区生まれ。東京学芸大学大学院修了後，東京都大田区教育委員会社会教育主事，帝京大学専任講師・助教授を経て，2006年から現職。現在，早稲田大学講師，東京学芸大学大学院講師を兼務。この間，大阪大学大学院講師，九州大学大学院講師，金沢大学大学院講師，青山学院大学講師，群馬大学講師，富山大学講師等を歴任。

〈専攻〉教育経営学・生涯学習論・青少年教育論。

〈委嘱委員等〉文部科学省「学校運営の改善の在り方等に関する調査研究協力者会議」委員，横浜市社会教育委員・議長，足立区社会教育委員・議長，千代田区生涯学習推進委員・会長，かながわ人づくり推進ネットワーク幹事，神奈川県立釜利谷高校釜利谷協議会委員，三鷹教育・子育て研究所所員，日本教育経営学会常任理事，日本学習社会学会理事など。

〈主要著書等〉『現代教育概論　第二次改訂版』学陽書房2008年，『教職概論　第三次改訂版』学陽書房2010年，『生涯学習概論』学陽書房2007年，『生涯学習と社会教育のゆくえ』成文堂1998年（以上，単著），『コミュニティ・スクールの研究』風間書房2010年（編著），『最新行政大辞典　第3巻「教育・文化・スポーツ」』ぎょうせい2010年（編著），『改訂版　教育法規解体新書』東洋館出版社2009年（監修），『「保護者力」養成マニュアル』時事通信社2006年（監修），『学校支援ボランティア』教育出版2005年（編著），『学校と地域でつくる学びの未来』ぎょうせい2001年（共編），『地域社会・家庭と結ぶ学校経営』東洋館出版社1999年（編著），『親・地域の声にどう応えるか』第一法規1990年（共編）ほか。

学校を変える　地域が変わる
── 相互参画による学校・家庭・地域連携の進め方 ──

2002年11月12日　初版第1刷発行
2011年1月27日　初版第6刷発行

著　者	佐藤　晴雄
発行者	小林　一光
発行所	教育出版株式会社

〒101-0051　東京都千代田区神田神保町2-10
電話　03-3238-6965　　振替　00190-1-107340

© H. Sato 2002
Printed in Japan
落丁・乱丁はお取替えいたします。

印刷　神谷印刷
製本　上島製本

ISBN 978-4-316-33990-0 C3037